Reprint Publishing

For People Who Go For Originals.

www.reprintpublishing.com

JULES DE GAULTIER

Les Raisons de l'Idéalisme

DEUXIÈME ÉDITION

PARIS
SOCIÉTÉ DV MERCVRE DE FRANCE
XXVI, RVE DE CONDÉ, XXVI

MCMVI

LES RAISONS DE L'IDÉALISME

DU MÊME AUTEUR

DE KANT A NIETZSCHE..................... 1 vol.
LE BOVARYSME........................... 1 vol.
LA FICTION UNIVERSELLE.................. 1 vol.
NIETZSCHE ET LA RÉFORME PHILOSOPHIQUE... 1 vol.

JULES DE GAULTIER

Les Raisons de l'Idéalisme

DEUXIÈME ÉDITION

PARIS
SOCIÉTÉ DV MERCVRE DE FRANCE
XXVI, RVE DE CONDÉ, XXVI

MCMVI

JUSTIFICATION DU TIRAGE :

Droits de traduction et de reproduction réservés pour tous pays
y compris la Suède et la Norvège

INTRODUCTION

> Transmuer en perception
> la sensation [1].

Parmi les conséquences que commande la notion du Bovarysme et qui sont toutes formulées dans le volume auquel cette notion a donné son titre, on en avait, dans un livre précédent, *Nietzsche et la Réforme philosophique*, considéré une à part afin de l'exposer avec plus de force. Tout l'effort de cet ouvrage tendait à dépouiller les notions du bien et du vrai de l'en-soi que leur attribue la philosophie spiritualiste, allait à combattre ce faux rationalisme qui, d'une forme et d'un moyen de connaissance, faisant la source et l'objet de la connaissance, reconstitue, sous l'invocation de la Raison, une modalité abstraite du déisme. Le rationalisme, tel qu'il a pris corps dans le kantisme de la Raison pratique, dans les doctrines de M. Renouvier et dans tout le moralisme contemporain, consiste à imaginer l'existence

---

[1]. *Introduction à la vie intellectuelle*, par Jules de Gaultier. *Revue Blanche* du 1ᵉʳ janvier 1897, p. 26.

d'une entité abstraite, fixant à l'activité de l'être des lois, forme nécessaire et, *a priori* de cette activité, lui imposant une fin. On s'était attaché à faire voir que les idées du bien et du vrai sont au contraire un produit de l'activité de l'être, une dépendance de cette activité. On avait montré les modes de l'existence jaillissant de l'irrationnel, et on avait donné la raison, sous son aspect moral, principalement, et en dehors des limites plus ou moins étroites où elle conditionne la connaissance, pour un succédané, pour le décalque méthodique des mouvements heureux selon lesquels l'activité de l'être a réussi à composer un ensemble symphonique, à faire émerger du chaos la forme d'un univers.

Pour mettre en lumière cette idée de la primauté hiérarchique de l'irrationnel, on en avait appelé aux doctrines de Nietzsche. Nul philosophe n'a exposé avec plus de force la faiblesse du rationalisme, nul n'a senti avec plus d'intensité l'indépendance de l'être à l'égard de toute entrave. Nul n'a mieux connu l'antériorité du spontané au réfléchi, au méthodique, et que toute méthode rationnelle n'est jamais que la forme, conservée et reproduite, des démarches hasardeuses accomplies par les modalités libres d'une activité ancienne. Aux démonstrations analytiques qu'il a produites, touchant cette subordination du rationnel à l'irrationnel, Nietzsche a ajouté l'expression lyrique de cette notion. « Par hasard, prononce Zarathoustra, c'est la plus vieille noblesse du monde, je l'ai rendue à toutes les choses, je les ai délivrées de la servitude du but. Cette liberté et cette sérénité céleste, je les ai placées comme des cloches d'azur sur toutes les choses, lorsque j'ai enseigné qu'au-dessus d'elles et par elles aucune vérité éternelle ne voulait... *Un peu* de raison, cependant, un grain de sagesse, dispersé d'étoile en étoile — ce levain est mêlé à toutes choses ; c'est à cause de la folie que la sagesse est mêlée à toutes les choses[1]. »

Telle est la proclamation d'indépendance dont on a commenté le texte au cours du livre précédent. Ce commentaire s'est attaché à montrer que ce qu'on nomme *la raison* est un état second de l'activité de l'être, le résultat d'une expérience, une règle inventée, avant d'être subie, par l'activité évoluant dans l'univers.

La conception qui, à la faveur d'un exposé de l'Idéalisme, est mise en valeur dans le livre actuel, est détachée, comme la précédente, du faisceau des idées qui, sous le commandement d'un même point de vue, avaient été liées entre elles dans *le*

---

1. Ainsi parlait Zarathoustra. Ed. du *Mercure de France*, p. 238.

Bovarysme. Elle stipule une substitution de l'esthéthique à l'éthique comme principe d'explication métaphysique de l'existence. Un tel point de vue a été aperçu par Nietzsche qui l'a, par la suite, volontairement abandonné en se proposant de le dépasser. Dans *Nietzsche et la Réforme philosophique*, on a fait à ce sujet les restrictions qui convenaient et, en exposant la signification attribuée en dernier lieu par l'auteur de *la Volonté de Puissance* au fait esthétique, on a montré le parti qu'il eût pu tirer d'une interprétation différente et en faveur de laquelle on a réservé toute préférence.

Cette conception de l'esthétique substituée à l'idée morale comme principe de justification de l'existence est une conséquence nécessaire du point de vue du Bovarysme appliqué à la notion métaphysique de l'être. Elle modifie, de la façon la plus importante, l'angle sous lequel on est accoutumé de considérer la vie. Elle est le véritable objet de cette étude et sur lequel il a paru utile d'attirer l'attention et de donner quelque éclaircissement dès cette préface.

On entreprend donc ici œuvre métaphysique. Toute spéculation mérite ce nom, qui se propose d'attribuer un sens au phénomène général de l'existence, par opposition à toute recherche dont l'objet est d'étudier les relations que soutiennent entre eux les phénomènes particuliers compris dans ce phénomène général. On ne prétend donc pas atteindre ici une certitude pareille à celle que nous apportent les vérités scientifiques dans le domaine limité où elles se formulent. On ne promulgue pas non plus, à la manière d'un dogme, l'explication que l'on propose. On la produit comme une hypothèse dont la seule vertu consiste à satisfaire, semble-t-il, avec plus de bonheur et de perfection que ne faisait la précédente, un désir si violent, qu'il se contentait, à défaut d'une autre, de cette hypothèse éthique entièrement tramée d'inconséquences et de contradictions.

Cette hypothèse ancienne qui s'est toujours donnée, sous le jour religieux, pour un dogme, sous le jour philosophique, pour une vérité de raison, c'est donc l'hypothèse d'une finalité éthique, d'un but moral assigné à l'existence. Elle consiste à imaginer que le monde, en raison de la nécessité de sa nature, évolue d'un état d'imperfection vers un état de perfection, que, selon la fatalité d'un mécanisme immanent, il tend constamment vers le mieux, sainteté ou progrès, selon la diversité des croyances religieuses ou laïques. Elle consiste à affirmer qu'un idéal moral préexiste, de vérité et de justice, dont la clarté rayonnant, soit dans l'au-delà, soit dans le lointain des futurs terrestres, hallucine les consciences. L'hypothèse morale se présente toujours avec ce caractère spécifique d'aspiration vers un but ; elle discrédite toujours le présent au bénéfice de l'avenir, et ce, sous quelque forme, primitive ou raffinée, qu'elle se produise. Sous le jour religieux, la vie terrestre est une expiation. Une faute commise par l'homme primitif y est rachetée par tous les hommes. Il s'agit de reconquérir une félicité perdue. Le moyen ? Se conformer à un certain genre de vie, prescrit par la loi divine dont la révélation a fait connaître les termes. Sous le jour philosophique, et on entend désigner ici la philosophie la plus moderne, la plus dégagée de ses origines théologiques, on continue de prendre pour idéal la pratique des vertus morales dont l'excellence fut décrétée au cours de la phase religieuse de l'humanité. Seulement, la pratique de ces vertus ne répond plus à la nécessité d'obéir à une volonté divine. Au regard d'esprits demeurés mystiques et dont quelques-uns ont renchéri sur le mysticisme religieux, elles sont un culte rendu à la loi morale, à cette loi du Bien qui, en vertu d'une force immanente, se réalise d'elle-même dans l'Humanité. Au regard d'une conception plus positive, la pratique croissante des mêmes vertus doit avoir pour effet, en régularisant les rapports des hommes entre eux, de rendre les hommes plus heureux, de supprimer les conflits, les guerres, les faits d'exploitation, les actes d'agression quelconques qui symbolisent le mal dans la vie. On s'hallucine sur un idéal de justice vers lequel l'humanité tendra sans cesse sans jamais l'atteindre. On constate une évolution à laquelle on attribue ce sens moral. Ainsi, toutes ces nuances de la conception éthique de l'existence ont bien cela en commun, qu'elles supposent la présence dans l'univers, d'une part, d'une activité informe et imparfaite, d'autre part, d'une loi préexistante, révélée ou à découvrir, et à laquelle cette activité a pour obligation de se conformer.

Notons enfin, afin de tirer par la suite de cette remarque les conséquences qu'elle comporte, notons que toutes ces nuances de la conception morale de l'existence, en dépréciant le présent au profit de l'avenir, persuadent à l'activité humaine de s'efforcer vers cet avenir plein de promesses, d'en hâter les réalisations, de se modifier afin de modifier le monde ; ainsi elles engendrent du mouvement. Comme les chutes d'eau, comme le vent, comme la houille, comme la chaleur ou l'électricité, dans le monde physique et dans le domaine des causes naturelles, elles sont des sources de force et comme il advient pour ces phénomènes physiques dans le domaine qui leur est propre, elles peuvent également dans le monde moral et dans le domaine de la motivation, être exploitées pour des fins entièrement étrangères à celles qu'elles semblent viser : on montrera qu'elles sont en effet exploitées de cette façon, en sorte que l'illusion même d'une fin propre qui les anime apparaîtra comme une condition de leur utilité au service de ces fins étrangères.

Ainsi la conception éthique implique expressément l'idée d'un changement d'état subi par une activité en voie d'évolution dans l'univers sous l'influence d'un principe qui lui serait extérieur : le devenir aboutit à un but ; il y tend du moins ; ce but dût-il n'être jamais atteint, existe néanmoins comme principe régulateur du mouvement de l'évolution ; ce but est un impératif et ce but est moral. Que vaut donc cette conception ? Que vaut cette hypothèse d'une finalité éthique assignée à l'évolution de l'être ? Confrontée avec les phénomènes les plus généraux de l'univers, en fournit-elle une explication satisfaisante ? Est-elle du moins en harmonie avec elle-même ? Ses diverses parties vont-elles s'ajuster et permettre une construction d'ensemble ? Peut-elle même prêter, sous son aspect théologique, à un examen critique ? La discussion de la fable religieuse appartient-elle encore au domaine de la discussion philosophique ? Qu'est-ce, sous le jour de la légende judéo-chrétienne, que cette faute originelle qui veut être expiée ? Comment le Dieu infiniment bon et puissant a-t-il créé un être enclin au mal, à la faute, à la chute ? Pourquoi, du point de vue même des appréciations morales que la culture de la conception éthique développe dans le cœur des hommes, pourquoi cette iniquité originelle d'une double présence dans l'univers, celle d'un être parfait absolument heureux, celle d'un être imparfait condamné à l'effort, à la faute et à la peine ? Sous quelque jour que l'on considère l'hypothèse, elle apparaît en contradiction flagrante avec elle-même. L'énoncer, c'est la nier, la développer, c'est la ruiner.

Si du point de vue philosophique, l'imperfection des origines n'est plus expliquée par la légende de la faute, de l'expiation nécessaire et de la rédemption, si elle ne s'excuse que sur le voisinage du chaos, sur le caractère d'ébauche, encore informe, des premiers modes de la vie, pourquoi la loi morale absente de ces débuts de la vie, va-t-elle tendre à se réaliser indéfiniment au cours d'une évolution et d'une aspiration incessante vers le mieux ? Pourquoi cette apparition soudaine qu'aucune observation scientifique ne justifie ? Pourquoi cette génération spontanée du phénomène moral ? Il n'est d'autre réponse que celle-ci, à savoir que l'hypothèse morale est empruntée de toutes pièces aux conceptions religieuses qui se confondent entièrement à l'origine avec les conceptions politiques et n'ont aucun point commun avec le souci métaphysique. On vient de rendre manifeste la contradiction que l'hypothèse morale implique avec elle-même sous le jour religieux. Cette contradiction ne s'accuse pas avec moins de clarté sous le jour philosophique : à supposer en effet que l'idéal de justice, vers lequel tend, selon l'hypothèse, le processus tout entier de l'évolution, vienne, dans quelque futur, à se réaliser, une telle réalisation ne ferait que marquer le fait métaphysique de l'existence du sceau d'une iniquité fondamentale du fait du traitement inégal appliqué aux êtres des différents âges et le privilège des derniers venus n'aurait pour effet que d'aggraver, par le contraste, la peine des ancêtres. Tourment sans doute insupportable pour ces privilégiés eux-mêmes, chez lesquels il faut penser que la passion de la justice aurait acquis une intensité et une susceptibilité dont les ferveurs actuelles les plus tendues ne sauraient nous donner qu'une imparfaite image.

Telles sont les conséquences de tout point de vue qui suppose à l'activité répandue dans l'univers un but moral, une finalité éthique. Elles aboutissent nécessairement à mettre en contradiction avec elle-même l'idée dont elles sont des applications.

Faut-il donc respecter un tel point de vue ? Tel quel, dira-t-on, ce point de vue soutient toutes les formes anciennes de la morale. Absurde, contradictoire, il inspire la foi. La crédulité humaine lui confère une efficacité. On répondra que cette crédulité semble actuellement bien fragile, que la doctrine du moralisme, avec les bases dogmatiques et le caractère téléologique que l'on prétend lui assigner, excite la révolte chez plus d'esprits qu'elle n'en asservit, que c'est enfin du côté des révoltés que se rencontrent les énergies les plus tendues et nécessairement les intelligences les plus ouvertes. A supposer que les anciennes fables morales aient eu dans le passé un rôle d'utilité, qu'elles aient été efficaces à ordonner les stades antérieurs de la vie, il ne semble plus qu'elles soient pourvues maintenant du même pouvoir. A supposer qu'elles possèdent encore ce pouvoir sur les esprits les plus naïfs, est-ce à ceux-ci uniquement qu'il est indispensable de distribuer, sous forme d'enseignement philosophique, un viatique, une raison de vivre? Est-il nécessaire de condamner les esprits plus réfléchis au scepticisme et au pessimisme, qu'à défaut d'une indifférence absolue, l'incohérence et les contradictions incluses dans les formes théologiques ou rationalistes du moralisme contemporain ne peuvent manquer de déterminer chez eux? Enfin, parmi les pratiques recommandées par les systèmes de morale actuellement en vigueur, il en est de parfaites et d'exquises où se manifeste, à son plus haut degré, l'état de raffinement atteint par l'énergie humaine au cours d'un long effort en vue de s'ordonner, à la suite d'une longue lutte entre ses divers modes, tous également avides de s'imposer et parmi lesquels les plus forts, les meilleurs, ont triomphé. Faut-il laisser peser sur ces modalités parfaites, en souffrant que leur soit attribuée une fausse origine, la disqualification dont les frapperait le principe de contradiction inclus dans la conception morale de la morale? Et faut-il donc penser que la morale soit nécessairement ce principe d'incohérence et de destruction de soi-même?

On ne l'a pas cru. C'est pourquoi on ne s'est guère soucié d'encourir le reproche d'immoralisme, tandis que l'on s'efforçait de montrer dans tous les ouvrages antérieurs, comme on le fait encore dans celui-ci où l'on expose les conséquences de l'idéalisme, le mensonge maladroit, et qui se dément à tout instant lui-même, sur lequel se fondent les morales rationalistes et théologiques. C'est un immoralisme de cette sorte qui éclate dans l'œuvre de Nietzsche et dont Zarathoustra se fait gloire C'est un immoralisme de même nature qui se manifeste dans les drames d'Ibsen. On consent à être compris dans la réprobation dont les pasteurs Manders de ce temps-ci, dont les professionnels de la vertu condamnent cette attitude. On récuse toutefois, de cette attitude, ce qui peut y persister de romantique, le geste de défi et le mode héroïque, non par dédain de l'héroïsme où l'on voit le grand ressort de la vie jusque dans le domaine intellectuel, mais parce que l'on entend ne se point départir ici d'un point de vue et d'une argumentation purement logiques. On insistera donc, pour expliquer cette guerre à la morale, en tant qu'elle se fonde sur les idéologies de la Raison, par le danger que présente, pour une éthique positive, la morale idéologique; on invoquera le discrédit où cette forme idéologique menace d'entraîner avec elle des formes positives et utiles à la vie qui, là où elles existent, témoignent d'une réussite, d'un état ascendant et d'un état ordonné de la vie.

De ce que la morale n'est pas pour la vie une fin métaphysique, de ce qu'elle n'est point le grand aimant vers lequel convergent toutes les activités comprises dans le cosmos, de ce que l'activité de l'univers n'est point morale en son essence et en son but, il n'en résulte pas que la morale n'ait point, comme *moyen* d'une autre fin, une utilité de grand ordre. De ce qu'elle est un élément d'incohérence si on la considère comme fin, il ne suit pas qu'elle soit exclue d'un système du monde où une fin différente serait prise en considération, il ne suit pas qu'elle ne puisse, en un tel système et à ce rang subordonné, être un ressort utile.

Le grand tort fait à la morale par les moralistes consiste dans le rang qu'ils ont prétendu lui assigner. Avec ce que les philosophes néo-kantiens ont nommé le primat de la morale ces piétistes de la morale ont ruiné la morale, ils ont fait du monde moral ce chaos dont le contradictoire est la loi. On se réserve de rechercher par la suite quel rôle, sous le principe d'une hiérarchie différente, peut être assigné à la morale. Or, si l'idée de la justice, si l'idée du bien, prises comme des valeurs absolues et soustraites au déterminisme phénoménal, se montrent inconciliables avec le fait de l'existence, on pense que, considérées dans le cadre de la relation, comme des états déterminés de la force, susceptibles d'une comparaison avec tous les autres états de la force parce qu'elles ne seront plus d'une nature différente, elles témoigneront d'un caractère d'utilité majeure, feront valoir des titres authentiques et exigeront que l'on compte avec elles sous le jour même de la logique.

★

Dans le livre actuel, on n'entreprendra pas encore cette tâche de moraliste; mais, ayant exposé dans tous les ouvrages antérieurs, et particulièrement en *De Kant à Nietzsche*, la contradiction intérieure que renferme l'idée morale, considérée comme fin de l'existence, ayant montré l'impuissance radicale dont témoigne le principe éthique, s'il s'agit de fixer un sens à l'univers, on propose un autre principe à la lumière duquel l'existence recevra la signification qui lui donne son prix dans l'esprit des hommes. Ce principe est de nature esthétique. Ainsi qu'on l'a énoncé, à l'éthique, on oppose l'esthétique. Au sens moral, on oppose le sens spectaculaire.

Qu'est-ce donc que le sens spectaculaire? C'est tout plaisir pris à la considération de quelque événement indépendamment de son rapport avec les modes directs de notre sensibilité ou de notre intérêt.

Si l'on réfléchit sur la nature de ce plaisir, on constate bientôt qu'il embrasse un champ d'une étendue considérable. L'habitude nous le cache, il ne s'en répand pas moins sur toute la vie et s'y laisse, à l'analyse, aisément découvrir : il existe dans le fait seul de la perception et déjà, sous cet aspect élémentaire, il montre, par comparaison avec les autres modes de la sensation, son caractère de fixité, sa différence essentielle avec les états de l'activité qui donnent naissance aux formes éthiques, c'est-à-dire à la morale. Une sensation est agréable ou douloureuse. Or, la morale, à quelque raffinement qu'elle parvienne, qu'elle prenne la forme du stoïcisme, celle de la sainteté, celle du renoncement bouddhique, la morale est tout entière construite sur ces deux modes de la sensation, le plaisir et la douleur. Elle a pour but d'éviter la douleur et de procurer le bonheur à l'individu, à l'individu pris en lui-même, dans la relation de ses instincts particuliers avec son intérêt le plus général, à l'individu pris dans ses rapports avec la collectivité sociale, où son expansion, limitée par celle de tous les autres individus, est contrainte d'accepter des compromis.

Mais, d'autre part, la sensation, agréable ou douloureuse, est aussi une perception : en tant que perception elle est un acte de connaissance et comme telle, soit qu'elle s'applique à une sensation de plaisir, soit qu'elle s'applique à une sensation de douleur, *elle est également parfaite*. Si je m'intéresse, comme le fait la morale, — la morale en tant que désir de bonheur par la sensation — à donner le pas aux sensations de plaisir sur les sensations douloureuses, je me heurte à la relativité essentielle du sujet sensible qui n'apprécie le plaisir que dans son rapport avec la douleur. Faisant intervenir le monde moral en vue de répartir le bonheur également entre tous les individus, je me heurte aux antinomies énoncées précédemment. Sous l'empire de ce souci, j'engendre du mouvement, je change le paysage de l'univers, mais je n'atteins pas mon but. Au contraire, mon but est à tout instant atteint si je m'intéresse à l'acte de connaissance dont toute sensation est l'occasion. La sensation, même douloureuse, se justifie, si je vois en elle un moyen de la perception et peu importe si, au cours de son processus en vue de supprimer ses états douloureux, elle n'aboutit jamais à sa fin propre, dès qu'à tout instant elle atteint une fin toujours présente, dès qu'à tout instant elle assouvit le plaisir de la connaissance. Ainsi la substitution de la perception à la sensation comme centre d'intérêt, comme activité essentielle de l'existence, donne à l'existence

2*

une signification entièrement intelligible. Sous la dépendance de cette fin nouvelle et de nature esthétique, voici justifié tout le processus du désir en vue d'éliminer les modes douloureux de la sensation, voici justifiée toute l'évolution morale à laquelle ce processus aboutit dans le milieu social et sous ses formes réfléchies, ce processus, cette évolution, impuissants à atteindre la fin illusoire qu'ils se proposent dans l'ordre éthique, se montrant des moyens de fournir à la perception qui, sous sa forme supérieure, va devenir le sens spectaculaire, son aliment. L'esthétique, comme fin, justifie la morale, comme moyen, et lui assigne un rang.

Bien que l'émotion qui a sa source dans le plaisir et la douleur semble le plus souvent se tenir au premier plan dans les préoccupations de la personne humaine, l'activité qui se donne carrière dans l'ordre de la perception et dont on vient de signaler l'importance métaphysique, sans prendre, dès l'origine, conscience de son rôle, ne s'en manifeste pas moins, d'une façon continue, au cours de tous les phénomènes de la vie psychique : inaperçue elle concourt à en composer tout le tissu. Perception des couleurs, des sons, des parfums, des contacts, perception des synthèses que forment entre eux ces premiers éléments de connaissance et où se définit toute l'imagerie des objets, où se compose tout le décor sensible du monde, intérêt pris au mouvement de ces formes dans l'espace, aux gestes, aux mobiles, aux passions des êtres animés, curiosité de voir et de savoir s'exerçant à l'égard des événements et des actes individuels ou sociaux, indépendamment de tout bénéfice à retirer de cette connaissance, curiosité qui est déjà son but à elle-même, qui, grandissant et s'exaltant, requiert un champ plus vaste, s'exerce avec l'historien, avec l'archéologue, hors du temps immédiat, à l'égard du passé le plus reculé, passion suprême de la science qui s'élève, de la curiosité apportée aux contingences du fait et de la personne, à la curiosité des lois et s'exaspère au désir de connaître ce qui est si lointain qu'aucune application n'en peut être seulement imaginée, attitude enfin des artistes où se manifeste, par le signe extérieur d'une œuvre, la conscience du plaisir pris à la connaissance pour elle-même, depuis le souci du peintre, représentant les formes extérieures des objets et les jeux de la lumière autour des corps, jusqu'au souci du dramaturge, figurant le jeu des intérêts et des passions, convertissant la réalité la plus ardente à n'être plus qu'un objet de représentation, les uns et les autres, peintres, poètes, musiciens, dramaturges retirant les réalités du flux mouvant du devenir où elles sont causes et effets, où elles sont aimables ou redoutables, pour les fixer dans un éternel présent où toute leur valeur consiste à être un spectacle pour un spectateur, — tels sont les divers états où se manifeste l'activité croissante du sens esthétique. Au sommet de cette évolution, la production de l'œuvre d'art témoigne, par un symbole visible, à la façon d'un temple, de la réalité de ce désir esthétique que l'on a opposé aux pétitions du vœu moral pour y faire tenir la signification essentielle de l'existence.

L'esthétique substituée à l'éthique telle est donc la conséquence majeure, et, dans une certaine mesure, pratique, susceptible d'une application à la conduite, morale donc, en un sens nouveau, que l'on va déduire de la métaphysique idéaliste.

On montrera que cette intention esthétique, attribuée à la vie, est impliquée avec beaucoup d'évidence et de force par toutes les formes de l'appareil de la connaissance, qu'elle appartient à une conception générale de l'existence dont toutes les parties se joignent entre elles pour composer un système harmonieux, exempt de contradictions. L'aspiration morale, au sens ancien du terme, c'est-à-dire, essentiellement, la recherche du bonheur par la sensation, l'aspiration morale, qui s'est montrée impuissante à trouver en elle-même sa fin, recevra, comme moyen de la fin esthétique, une utilisation : avec les illusions qui lui donnent naissance, elle s'avérera, sous le jour de la motivation, cette source productrice de force dont on a fait entrevoir précédemment l'usage, elle sera cause de mouvement, elle sera ce principe de changement qui, engendrant, renouvelant et perpétuant l'intrigue du spectacle, assouvit la passion esthétique où le phénomène de l'existence trouve sa signification.

Certes, cette solution esthétique du problème de la vie ne manquera pas de soulever contre elle nombre d'esprits fervents, sectateurs zélés des modalités éthiques. Entièrement fascinés par les perspectives de la morale, aveugles à toute autre lumière, incapables de dissocier l'idée métaphysique de l'idée morale, ceux-ci jugeront fatalement que l'existence n'a pas de signification, si elle n'a pas une signification morale. De tels esprits, héritiers, malgré des apparences parfois contraires, de l'intense culture religieuse dont l'humanité a subi le long entraînement, sont précisément les ouvriers nécessaires dont on vient de déterminer le rôle, de préciser l'utilité. Ils sont les instigateurs indispensables du drame qui se joue sur la scène du monde pour le contentement du sens esthétique, car il faut aux acteurs ce fanatisme et cet aveuglement pour que le drame soit bien joué. L'intransigeance des moralistes, des saints, des martyrs, des sociologues épris de la religion du progrès, qui traduisent, sous sa forme la plus actuelle, cette passion éthique, cette intransigeance est fonction de la finalité esthétique que l'on attribue au phénomène de l'existence. A tous ceux-ci, la violence de leur passion, tant qu'elle les soulève, tient lieu de l'assouvissement définitif qui doit toujours lui faire défaut; mais la conception esthétique que l'on propose justifie l'existence, au regard de tous les autres, de la faillite à laquelle a abouti dans leur conscience l'illusion du monde moral. Le mal serait irrémédiable de l'illusion dissipée s'il n'était pour l'existence de fin imaginable, s'il n'était pour l'existence de raison d'être imaginable qu'une fin, qu'une raison d'être tirées de l'ordre de l'éthique. Mais on nie précisément qu'il en soit ainsi, on donne tout l'imbroglio du désir et de la morale pour le moyen d'assouvir la passion essentielle de l'existence qui, étant un phénomène de connaissance, s'exerce d'une façon absolument adéquate dans l'acte spectaculaire.

Privé des illusions morales qui le faisaient agir avec tant de sincérité et de frénésie, qui lui causaient tant de joie et tant de peine, l'acteur du drame cosmique n'a plus de raison de désespérer si la métaphysique, lui divulguant le caractère esthétique de l'existence, lui enseigne à jouir en spectateur de la tragédie et de la comédie de ses gestes révolus. A convertir en faits de perceptions la matière de ses sensations, à se composer un spectacle avec ses passions, il identifiera son activité avec l'activité essentielle de l'existence, il réalisera le vœu métaphysique de l'être. Spinoza opposait à l'esclavage des passions la liberté de l'intellect. C'est une conception analogue que l'on propose avec la substitution de l'esthétique à l'éthique. Mais, constatant une manière d'être métaphysique, proposant une explication, on se garde de formuler un vœu à la façon des moralistes. Tant qu'il demeure soumis à l'esclavage des passions, l'homme jouit et pâtit, selon la corrélation étroite que comportent ces deux modes de la sensation se conditionnant l'un l'autre. Sitôt qu'il conquiert la liberté de l'intellect, joies et peines éprouvées dans l'ordre de la sensation sont perçues avec un contentement égal dans l'ordre de la perception comme faits de connaissance. Mais cet état esthétique qui justifie, pour leur valeur spectaculaire, les modes douloureux aussi bien que les modes heureux de la sensation, ne tend point, à la façon d'un idéal moral à supprimer l'un de ces modes, il les tient l'un et l'autre pour des conditions de son existence. Le point de vue esthétique, comme fin de l'existence, comme fin à tout instant atteinte et toujours immédiatement présente, n'ampute pas l'existence d'une part d'elle-même ; mais, par la hiérarchie de but à moyen qu'elle établit entre les deux modes d'une même activité, elle fait concourir à une fin unique tous les éléments impliqués dans le jeu de l'existence.

LES RAISONS DE L'IDÉALISME

CHAPITRE I

LA MÉTAPHYSIQUE ET LES SYSTÈMES DUALISTES

Recherche d'une hypothèse propre à supporter une construction cohérente de l'existence. — Méthode de cette recherche : le pouvoir explicatif inhérent aux hypothèses pris seul en considération pour déterminer leur admission ou leur rejet. — I. Examen de l'hypothèse dualiste. — Ses origines politiques. — II. Rejet de cette hypothèse sur ce qu'elle ne laisse point de place à la possibilité de la connaissance.

La conception du bovarysme telle qu'elle fut exposée et développée au cours de deux essais sur *le pouvoir d'imaginer*[1], a engendré une définition du réel qui ne reçoit une signification rigoureuse que sur le plan de l'idéalisme. La réalité que l'on découvre, dont on a décrit les manières d'être sous le jour du bovarysme, est, en effet, comme la réalité idéaliste elle-même, de nature strictement intellectuelle. Comme celle-ci, elle s'oppose à une réalité objective qui serait indépendante de l'esprit

1. *Le Bovarysme, la Fiction universelle*, éd. du *Mercure de France*.

quant à sa genèse et quant à sa nature substantielle.

On est donc amené à rechercher quelle est la valeur de ce point de vue de l'idéalisme qui supporte et conditionne les développements que l'on a faits antérieurement. On est tenu de le comparer avec les autres points de vue métaphysiques qui ont été proposés par les philosophes, comme principes d'explication de l'existence.

On ne donnera pas l'explication idéaliste pour une vérité. On ne prétend pas en imposer par l'absolu des termes en un sujet où tant de dogmes déjà se contredisent. Mais en produisant l'idéalisme comme une hypothèse métaphysique, on croit pouvoir montrer qu'elle répond seule, parmi toutes les autres, aux exigences légitimes de l'esprit en tant qu'il imagine un principe d'explication de cette nature. On abandonne d'ailleurs à chaque intelligence particulière le soin et la liberté d'apporter par la suite à cette conception du monde le mode d'adhésion le plus conforme à ses besoins : peut-être adviendra-t-il que l'une se fixera avec ardeur à la croyance, que l'autre goûtera seulement un plaisir esthétique à la contemplation du spectacle auquel cette conception donne accès; qu'elle trouvera toutefois en cette hypothèse, parmi l'incertitude persistante de l'esprit, un point de vue d'élection et des motifs de se complaire dans l'existence, tandis que celle-là considérera sans plus, comme un système théorique heureusement coordonné, cette vue sur l'univers, sans lui concéder aucune autorité sur les guises coutumières et sur le règlement de son activité.

A défaut de tout appui dogmatique, on sera secondé, au cours de cette recherche, par cet unique souci : en quels termes le problème métaphysique doit-il être posé pour comporter une solution ? Toute hypothèse proposant une réponse à cette question sera donc appréciée au seul point de vue de son efficacité comme moyen d'explication cohérente. Et tout d'abord on se préoccupera d'une question qui domine et conditionne la solution du problème de l'existence, celle du problème de la connaissance. Quelle hypothèse, se demandera-t-on, faut-il rejeter, quelle hypothèse faut-il former pour qu'un système de connaissance soit possible ? Par cette méthode, on n'entrera pas, on le répète, en possession de la vérité. On pensera pourtant avoir atteint un résultat appréciable si l'on découvre un point de vue duquel les diverses parties de l'existence apparaissent liées entre elles par des rapports logiques, si l'on réussit à démontrer que nul autre point de vue ne fait apparaître semblable spectacle, ne supporte pareille systématisation.

1

On peut renoncer à toute tentative en vue d'expliquer l'existence et peut-être la plupart des hommes sont-ils exempts d'un tel souci, soit par incuriosité naturelle, soit parce qu'une nécessité toujours pressante de pourvoir à des besoins immédiats ne leur laisse pas le loisir de ce tourment métaphysique. S'ils n'en sont pas totalement indemnes, du moins se montrent-ils satisfaits des explications les plus futiles et la moindre fable suffit-elle à tarir leur soif d'interroger. Mais, dès que l'on est enclin à se donner une représentation d'ensemble et une justification de l'existence, dès que l'on a cédé à ce penchant fastueux, on est tenu d'écarter tous les systèmes qui ne fournissent que des explications de premier plan, qui ne répondent à un pourquoi que par une réplique suscitant aussitôt, chez tout esprit réfléchi, un pourquoi identique.

Au nombre de ces explications de premier plan, figurent tous les systèmes qui reposent sur l'hypothèse d'un dualisme. Parmi ceux-ci, celui de la création est le plus typique et le plus naïvement irrationnel ; le monde qui tombe sous nos sens, impuissant à rendre compte de sa genèse, s'y voit classé sous la catégorie de la chose créée et, la vertu grammaticale du langage contraignant l'esprit, l'idée de chose créée évoque l'antécédent d'un principe créateur. Le Verbe montre ici sa toute-puissance : il se fait chair et matière, c'est lui qui vraiment crée. Le mystère s'évanouit, le monde impénétrable, en tant que phénomène visible, s'éclaire et se révèle sous l'action de l'invisible.

Il y a quelque scrupule à signaler l'artifice, à peine un artifice, au moyen duquel le problème est ici éludé. Faut-il dire que l'on n'a rien expliqué quand on explique l'inconnu par l'inconnu, et que, si l'on explique le monde créé par le créateur, il reste à expliquer le créateur ? Un tel procédé dialectique, s'il fallait l'envisager à un point de vue intellectuel, ne saurait être considéré que comme un aveu d'ignorance insuffisamment déguisé ; mais ce serait faire tort à l'esprit philosophique que de le considérer sous ce jour. Ce serait également faire tort à la nature humaine. Aussi est-il plus équitable et d'un intérêt plus général de montrer quel mobile donne naissance à un tel stratagème. Son utilité pratique rendra compte de son existence.

En même temps nous serons avertis qu'avec cette hypothèse, avec toutes les hypothèses dualistes issues de cette forme typique et plus grossière, un intérêt est en jeu qui, sous le nom usurpé de philosophie, n'a trait qu'à un souci, celui de vivre, celui d'organiser la vie sociale, de définir et de hiérarchiser les rapports des hommes entre eux, mais n'a aucune relation avec la tentative intellectuelle d'une justification de l'existence sur un plan logique.

Il faut assigner, en effet, à l'hypothèse de la création une origine purement politique : elle est le moyen de domination qui fut employé, de tout temps, par les détenteurs de tout pouvoir social quelconque pour gouverner les hommes. Le Créateur, qui était supposé avoir formé le monde matériel, pouvait plus aisément encore être donné pour l'auteur des lois morales : il servit de truchement à la volonté des maîtres, il fut moyen de gouvernement. Or, ce rôle d'utilité sociale qui est, au point de vue intellectuel, une disqualification, n'est pas dévolu aux seuls systèmes déistes; il appartient également à toute conception dualiste et non seulement aux conceptions religieuses qui imaginent au-dessus du monde un dieu anthropomorphe et personnel, mais également à tout idéal philosophique dont c'est le trait dominant d'opposer, à l'activité qui se manifeste et se développe dans le monde, un principe idéologique quelconque prescrivant à cette activité des lois et un but définis.

Il faut toujours donner l'impératif kantien, en raison de la grande influence qu'il a exercée durant un siècle, comme le type de ces dualismes à forme idéologique où la raison et les idées de la raison remplacent Dieu et ses attributs. Les professeurs d'université de France ou d'Allemagne, tant qu'ils demeurent soumis à ces disciplines, ne diffèrent en aucune façon des dignitaires ecclésiastiques, évêques ou pasteurs, approuvant l'orthodoxie des catéchismes, fixant les termes de l'enseignement qui doit être départi aux fidèles. Les uns et les autres, et par de pareils moyens, remplissent le même rôle social. Pour les uns comme pour les autres, il ne s'agit aucunement de susciter devant l'esprit une représentation de l'existence propre à le satisfaire, il s'agit d'enseigner un code édictant des règles au moyen desquelles la vie des hommes en société soit dûment ordonnée. Ce n'est pas ici le lieu de discuter la valeur générale d'une telle fonction. Au point de vue de l'utilité sociale qu'elle dessert, il n'y a pas à contester qu'elle ne puisse avoir son efficacité. Tout dogme moral, en effet, est le résidu d'essais antérieurs accomplis par des hommes vivant en société et ayant réussi à vivre selon certains rites, à la suite d'une série aventureuse et variée d'actions et de réactions des énergies individuelles les unes à l'égard des autres. Lorsque, au cours de cette série, une expérience s'est perpétuée, a créé des manières d'être dont la réalité humaine a retiré un bénéfice, il arrive toujours qu'elle est, à un moment donné, divinisée ou rationalisée, c'est-à-dire qu'elle est retirée du domaine de l'empirisme, où elle s'est formée, pour être intégrée dans le dogme moral. Elle est le produit des énergies humaines soumises au contact social, elle est promue loi de ces énergies. Il y a donc en toute règle morale une réalité qui n'est point négligeable, il y entre du désir humain mis au point où il peut se développer dans le milieu social, mis au point, par conséquent, et ceci est intéressant pour lui-même, où il est viable, où il lui est possible de se développer au contact d'autres désirs. Il n'y a pas jusqu'à la supercherie par laquelle le résultat empirique, toujours incertain et sujet à revision, de l'expérience sociale est donné pour un impératif théologique ou logique, qui ne soit, dans une certaine mesure, respectable. Car ce mensonge fait partie du processus selon lequel la réalité sociale se constitue, on constate qu'il intervient d'une façon régulière dans l'histoire de toutes les sociétés et, comme on ne légifère pas ici au nom d'une vérité en soi au regard de laquelle tout mensonge serait condamnable, cet artifice moral apparaît comme un ciment destiné à assembler plus solidement des parties qui ont manifesté entre elles un degré déjà élevé d'affinité.

On n'adoptera donc pas, à l'égard de cet artifice par lequel la réalité humaine s'accomplit, l'attitude d'une hostilité irréductible et sans nuances. Si, par la suite, on venait à combattre les formes actuelles de la morale, on se placerait, pour justifier cette entreprise, au même point de vue d'utilité auquel l'artifice moral répond. On se demanderait si cet artifice, à forme dogmatique, dont l'utilité dans le passé ne serait pas mise en question, ne pourrait être remplacé actuellement avec avantage par quelque mode de persuasion différent, on ne le condamnerait que sur ce qu'il est percé à jour et n'est plus propre peut-être à engendrer aujourd'hui les résultats qu'il procurait naguère.

D'ailleurs, s'il n'est pas question de condamner ou d'absoudre, il importe ici d'instituer des catégories. Or, à noter que toutes les explications dualistes à forme théologique ou rationaliste ont pour but de coopérer à l'action politique et sociale, il semble qu'on les ait exclues définitivement de tout concours à la recherche que l'on a instituée. Il semble, s'il s'agit de se former une représentation cohérente de l'existence, qu'il sera aussi inopportun de demander la solution d'un tel problème à ces divers systèmes que de la demander à une théorie de gymnastique ou à la technique de l'art militaire. Toutefois, ainsi qu'on l'indiquait en *De Kant à Nietzsche*, l'instinct vital, représenté par le pouvoir social, a su, de tout temps, contraindre certains représentants de l'instinct de connaissance à le servir. De là l'éclosion de ces systèmes de métaphysique dualiste auxquels les plus beaux génies ont prêté de prestigieuses apparences dialectiques, en sorte qu'il faut pourtant les dénoncer et montrer le vice qui les frappe de déchéance.

II

Le vice le plus irrémédiable de l'hypothèse dualiste ne consiste pas dans son impuissance à dissiper l'étonnement que suscite devant l'esprit le fait de l'existence. A vrai dire, on ne prétend pas, par une hypothèse différente, abolir cet étonnement. Loin de là, au point de vue qui va bientôt dominer ces réflexions spéculatives, l'étonnement s'avérera un élément essentiel et normal de l'activité intellectuelle. Mais le vice de toute hypothèse dualiste est de choisir, est de poser les termes du problème de l'existence, de telle façon qu'il soit impossible de les concilier jamais entre eux, de telle façon, qu'ils impliquent contradiction et qu'ils suscitent des antinomies irréductibles. Sous le jour de l'hypothèse dualiste, toute l'histoire de la philosophie n'est que le récit des efforts et des contorsions de l'esprit humain en vue d'atteindre un objet qui a été placé hors de ses prises, et que tous les mouvements qu'il exécute pour le saisir ont précisément pour effet d'écarter. Le trait caractéristique de tout dualisme est, en effet, d'attribuer à chacun des deux principes qu'il distingue dans le monde une entité telle que l'une exclue logiquement l'autre. Ainsi de l'opposition essentielle du fini et de l'infini qui engendre la nécessité de la création *ex nihilo*. Le dualisme complique ainsi l'énigme de l'existence, cette interrogation incessante, qu'en vertu de ses propres lois l'esprit dresse devant l'esprit, d'une seconde énigme volontaire, insoluble en soi pour l'esprit puisque la proposition qu'elle renferme est imaginée à rebours des lois de l'esprit, en dehors de son mécanisme et de façon à n'y pouvoir jamais être intégrée. L'hypothèse dualiste exprimée en termes analytiques s'énonce en effet en cette formule : *Quelque chose existe en dehors de la chose hors de laquelle rien n'existe.* — Cette contradiction logique est essentielle au dualisme; elle est fondamentale. Le dualisme n'y peut échapper sans retomber au monisme. Si le fini existe dans l'infini, il n'est plus qu'une catégorie de l'infini. Si la substance créatrice tire d'elle-même la substance créée, l'une et l'autre sont consubstantielles, il n'y a pas entre elles de différence de nature. Dès lors, la distinction de l'être en deux principes s'efface. C'est la doctrine de l'immanence vers laquelle ont incliné quelques grands métaphysiciens orthodoxes, et l'immanence n'est qu'une forme du panthéisme qui est lui-même la désignation ancienne, mais expresse, du monisme. Ramené par un détour à prendre place dans les cadres de la logique mentale, le dualisme se dissipe pour faire place à une conception de l'existence parfaitement unitaire.

A la suite de cette contradiction, qui lui est essentielle et à laquelle il ne peut échapper sans se renier, le dualisme engendre d'autres conséquences qui, si cette première tare ne devait le disqualifier d'une façon absolue, achèveraient de le rendre impropre à la tâche de construction systématique de l'existence que l'on poursuit ici.

Parmi ces conséquences, l'une est nécessaire, d'autres s'expriment en une série d'énonciations et de croyances contradictoires entre elles, qui ne découlent pas fatalement de la doctrine, mais qui, en fait, y ont été introduites. Celles-ci manifestent avec évidence le mobile politique que l'on a signalé, ce mobile qui a donné naissance à l'hypothèse et compense dans l'esprit des hommes son incohérence logique par le poids d'un intérêt vital.

La conséquence dont on vient d'énoncer le caractère nécessaire est celle-ci : entre les deux principes que le dualisme distingue dans l'univers, il ne saurait exister de lien de cause à effet, ni aucun de ces rapports que notre esprit institue entre les diverses parties du monde phénoménal et qui nous le rendent connaissable. Si l'un de ces rapports existait, il n'y aurait plus de solution de continuité qui permît de distinguer dans l'univers deux principes distincts, et toutes les choses, justiciables d'une même et commune mesure, devraient être réintégrées dans un même ensemble. Le dualisme ne subsiste donc qu'à la condition de décréter un agnosticisme sans remède. Il ne laisse aucun jour à la possibilité d'une théorie de la connaissance. Ici encore les grands métaphysiciens chrétiens, un Malebranche, un Leibnitz, se sont efforcés de masquer, à force d'ingéniosité, ce vice essentiel du dualisme. La vision en Dieu, les causes occasionnelles, l'harmonie préétablie sont autant d'hypothèses conçues dans ce dessein. Ici encore le mécanisme inflexible, en vertu duquel le dualisme s'oppose à toute construction intelligible, a contraint ces philosophes à s'évader de la thèse qu'ils prétendaient défendre et à se réfugier en des conclusions logiquement panthéistes. Les hypothèses qu'ils ont produites se montrent en effet d'autant plus efficaces que, substituant plus entièrement l'initiative divine à celle des êtres finis dans le domaine de la connaissance, aussi bien que dans le domaine de l'activité volontaire, ils réussissent à réduire plus entièrement à néant ce monde fini et à ne laisser place qu'à la substance divine. C'est à ce prix seulement qu'ils parviennent à construire une théorie de la connaissance et à éluder le problème insoluble de la liberté.

De tels systèmes qui, poussés à leurs conséquences légitimes, se perdent dans le panthéisme, n'appartiennent donc aucunement à la philosophie dualiste. S'ils n'ont pas été formellement exclus par les philosophes orthodoxes, c'est que ceux-ci ont trouvé plus d'avantage, en des matières où peu d'intelligences consultent par elles-mêmes, à revendiquer comme des leurs de grands noms et de grands esprit qui se plaçaient sous le couvert, tout au moins nominal, de leurs principes, qu'ils n'ont vu de danger à laisser se produire une doctrine même divergente que peu d'hommes étaient capables d'interpréter selon sa signification inquiétante.

En scindant la conception de l'existence en deux parts entre lesquelles il n'est point de rapports concevables pour l'esprit, le dualisme détermine donc, sous le jour d'une logique rationnelle, un agnosticisme fondamental. En même temps, brisant un anneau de la chaîne de la causalité naturelle, il autorise l'introduction, en cette place vide, de toute décision arbitraire, il prête la main à tout coup d'État philosophique. De tels coups d'État n'ont jamais manqué de se produire, — sous forme théocratique, dans le cadre de la révélation divine, — sous forme idéologique, avec la Raison pratique et l'Impératif du devoir, dans le cadre de la révélation naturelle. — La possibilité de cette intervention montre, en toute conception dualiste, cet instrument politique qui, à la fois, et selon le point de vue d'utilité vitale ou intellectuelle que l'on adopte, justifie ou disqualifie la doctrine. C'est aussi à la suite de cette intervention que l'on voit les rameaux du tronc dualiste se couvrir de cette floraison de conséquences contradictoires qu'une humanité, au printemps de sa vie mentale et en proie à la fougue des instincts, a su concilier jadis dans la pratique de son activité.

★

Si le dualisme nous soumet à l'incertitude en ce qui a trait à la légitimité de notre connaissance et de ses lois, cette connaissance et ces lois n'en existent pas moins en tant qu'apparences, en tant qu'elles nous sont, dans la pratique, d'un usage indéniablement efficace. Au contraire, nous n'avons aucune idée d'une réalité divine ou nouménale, ni des lois selon lesquelles une telle réalité évolue. Or, ce sont précisément cette réalité et ces lois que le dualisme politique improvise et qu'il fait intervenir parmi les lois toutes différentes de la causalité naturelle. Distinguant ce qu'il croit lui être utile ou nuisible, l'instinct social, par le truchement de l'autorité politique, donne à cela les noms bien et mal. Ces notions absolues que la causalité naturelle ne nous fait point connaître sont présentées comme des décrets de l'entité rationnelle ou divine et comme ces décrets n'entraînent pas avec eux-le pouvoir de se faire respecter, comme les hommes qui ne peuvent se soustraire à la causalité naturelle n'éprouvent pas à l'égard de la causalité divine la même contrainte, l'instinct social invente des artifices qui, dans ce domaine, tiendront lieu, vaille que vaille, des contraintes naturelles.

Dans un tel but on imagine la liberté. Il serait impossible, dans un système basé sur l'unité de force et l'unité de substance, de concilier l'existence de la cause avec l'indépendance de l'effet. Cette difficulté est éludée dans le dualisme, car, si nous connaissons ce qu'est la causalité dans le monde physique, nous ignorons quel est le mode d'action de la puissance divine et des substances immatérielles, et nous ne pouvons présumer dans quelle mesure cette action modifie le jeu des lois physiques. Le déterminisme de la cause et de l'effet appartient au monde qui tombe sous nos sens. le libre arbitre sera un pouvoir propre à l'âme et dont elle aura été investie par la divinité. Voici, au nom de ce monde inconnu que le dualisme distingue au-dessus du nôtre, voici la liberté introduite dans un monde qui ne connaît que la nécessité inflexible de la cause et de l'effet. Nanti d'un libre arbitre, l'homme, initié d'autre part à la loi du bien et du mal par l'entremise des catéchismes ou des précis de morale, truchements de la révélation naturelle ou divine, l'homme est menacé de peines différées mais certaines s'il transgresse la loi ; car, et c'est là le terme de cette genèse de pouvoirs métaphysiques, il est responsable, puisque le voici libre, libre même de résister aux instincts que la divinité a mis en lui. Cette extraordinaire incohérence de la toute-puissance divine et de la liberté humaine, devant laquelle se sont cabrés le schisme janséniste et la foi exaspérée d'un Pascal, n'est point le dernier mot de ce défi colossal jeté, avec l'invention du monde moral, par l'utilitarisme de l'instinct social, aux lois de l'esprit. L'idée de l'infinie bonté divine a été donnée pour conclusion à cette fable démente : l'auteur du mal physique, l'auteur du mal moral, le créateur de l'homme méchant qui, en vertu de cette liberté dont la divinité toute-puissante l'a pourvu, accomplit le mal, et, ayant semé la douleur devra lui-même l'éprouver, l'auteur, le créateur, singulièrement ingénieux, de cet enchaînement de maux, est un Dieu infiniment juste et bon. Au-dessus des enfers terrestres et des géhennes de l'au-delà flotte, ironique, le drapeau de la Providence.

★

On ne saurait, ainsi qu'on l'a énoncé, mettre au compte du dualisme et tenir pour une nécessité de sa nature, ces conséquences extravagantes et il convient d'ailleurs de circonscrire les limites du champ historique où elles se sont développées. Elles ont germé dans le sol judéo-chrétien et se sont reproduites dans la métaphysique de la Raison pratique, mais le dualisme mahométan ne les implique pas toutes, non plus le polythéisme des anciens Hellènes. La toute-puissance de la cause créatrice ne rencontre ni chez les Islamites ni chez les Grecs l'obstacle de la liberté humaine. Conséquence sans doute de l'impératif climatérique, la fatalité musulmane n'est qu'un cas de la fatalité orientale. La volonté d'Allah ni les commandements de Jupiter ne s'embarrassent de la casuistique du libre arbitre et non plus les dieux de l'Hellade ne sont soumis aux conceptions que les mortels se forment de la justice et de la bonté. Les hommes, sous le ciel clair de la conception hellénique, tiennent des dieux leurs passions jusqu'aux plus funestes et qui les égarent à la perpétration des plus insignes forfaits. L'inflexibilité qui préside au jeu des lois physiques se perpétue dans leurs gestes et, sur le thème d'une nécessité fatidique, ils offrent du moins en spectacle à ceux de l'Olympe des tragédies qui ne sont point sans grandeur.

Sans tenir compte des cas extrêmes que les formes chrétiennes du dualisme nous ont montrés, on ne retiendra donc contre la thèse dualiste que les contradictions qui lui sont inhérentes et que son développement fait apparaître fatalement. Animé du seul désir de susciter une représentation harmonieuse en toutes ses parties et aussi complète que possible du phénomène de l'existence, on s'est prescrit de tenir pour non avenue toute hypothèse dont les termes feraient obstacle à la possibilité de cette représentation systématique. C'est du point de vue de ce souci que l'hypothèse dualiste se verra condamnée. On rappellera que c'est, pour toute conception dualiste, une question d'être ou de ne pas être que de supprimer toutes les relations logiques par lesquelles le monde fini pourrait entrer en relation avec l'autre, parce que ces relations logiques auraient pour conséquence d'amener sur le même plan l'un et l'autre et de les confondre en un seul tout homogène. On rappellera qu'en postulant une différence essentielle de nature entre les deux principes qu'elle suppose dans l'univers, elle les rend à jamais inconnaissables l'un pour l'autre, qu'elle condamne ainsi toute entreprise de connaissance et de représentation métaphysique de l'existence à un avortement irrémédiable.

Cette distinction de nature, avec l'hiatus qu'elle creuse entre les choses et l'impuissance dont elle frappe tout effort de connaissance, le dualisme, qui la fait éclater entre les notions de fini et d'infini, de créateur et de créature, l'énonce, d'ailleurs, sous d'autres formes, entre les notions matière et esprit, corps et âme, monde physique et monde moral, être et devenir. Sous toutes ces formes, elle creuse, entre les divers aspects du monde qu'elle évoque, le même abîme infranchissable pour l'intelligence. Le dualisme est proprement la philosophie du miracle : car il prétend résoudre le problème de l'existence après l'avoir posé en termes tels que les lois de l'esprit n'ont plus sur lui de prise.

Un tel examen nous a du moins enseigné que, pour poursuivre notre entreprise avec quelque chance de la voir aboutir, il nous faudra concevoir qu'il n'existe dans le monde qu'une seule substance et que toutes les parties qui composent le monde participent de la nature de cette substance unique. Ce n'est pas à dire qu'il en soit ainsi et que cette hypothèse soit conforme à une vérité objective. Mais, qu'elle soit la seule hypothèse qui puisse nous permettre d'accomplir notre dessein, et que nous le sachions, cela suffit pour que la raison nous contraigne de l'adopter et de nous y attacher.

CHAPITRE II

LA MÉTAPHYSIQUE ET LES SYSTÈMES MONISTES :
LA MÉTAPHYSIQUE DE LA MATIÈRE

Similitude entre les systèmes panthéistes et monistes : les uns et les autres se réclament également d'une conception unitaire de l'existence et font place également, soit à l'hypothèse de la matière, soit à l'hypothèse de la pensée comme essence de l'univers. Rejet de l'hypothèse de la matière sur ce qu'elle laisse voir, à la lumière de l'analyse psychologique, un dualisme latent.

Parmi les systèmes philosophiques qui demeurent seuls propres à intéresser notre tentative, il n'y a pas à distinguer entre les systèmes panthéistes où l'identité de Dieu et du monde est proclamée et les systèmes monistes où l'identité de l'esprit et de la matière est posée en principe. Les uns et les autres expriment, sous des termes différents, une même conception. Mais après que l'on a réduit à une même signification majeure les uns et les autres, il reste que, dans les limites de ce thème unique, caractérisé par l'hypothèse de l'unité de substance, il faut s'entendre sur la nature de cette substance et choisir entre les diverses solutions proposées sur ce point. Ces solutions sont de deux sortes : les unes n'admettent dans le monde d'autre réalité que celle de la matière, les autres n'admettent dans le monde d'autre réalité que celle de l'esprit. Entre la conception d'une réalité spirituelle et celle d'une réalité matérielle, laquelle élire ? Entre l'idéalisme et le matérialisme, puisque tels sont les noms attribués dans l'histoire à ces deux points de vue voisins, et entre lesquels une comparaison logique est possible, auquel décerner l'avantage ?

Ce qui pourra nous guider dans ce choix, c'est encore, selon la partialité dont nous nous sommes fait une méthode, la considération du but même que nous poursuivons. Celle des deux conceptions qui sera le plus propre à nous le faire atteindre, à soutenir devant nos yeux une représentation cohérente du phénomène de l'existence, sera, de ce fait, qualifiée pour l'emporter dans notre esprit.

Le matérialisme postule en faveur de la matière une faculté d'évolution qui, s'élevant des modes d'existence les plus simples jusqu'aux plus complexes, rendrait compte de la totalité des phénomènes et, par une métamorphose analogue à celle où l'on voit le mouvement se transformer en chaleur, aboutirait à une transformation du mouvement ou de quelque autre phénomène physico-chimique en pensée. Le matérialisme invoque donc le principe d'unité de substance, mais il blesse la réalité psychologique, la seule qui nous soit donnée en imaginant un être métaphysique, la matière, la matière abstraite, qu'aucune de nos sensations ne nous fait connaître. Le matérialisme fait ici une démarche sensiblement pareille à celle que le déisme accomplit. Il réalise et objective hors de la pensée, hors de l'esprit qui pense, une idée abstraite ; il confère une existence extérieure à ce qui est pour l'esprit un moyen de représentation de ses propres modalités. Enfin, tandis qu'il fait apparaître la pensée, soit le fait de conscience, au dernier terme de l'évolution de la matière, c'est au moyen de la pensée qu'il imagine et se représente toute cette évolution qu'il suppose nécessaire pour la production de la pensée. En bonne analyse, et à s'en tenir aux termes de la réforme cartésienne qui assigna, avec le fait psychologique, une base positive à la spéculation métaphysique, il est impossible de se détacher des modes de la pensée : nous ne connaissons que la chose qui pense et ses modifications et, dès que nous conférons à ces modifications une existence

distincte de celle de la chose qui pense, nous
créons une forme nouvelle du dualisme, nous mettons de nouveau en péril le fait même de la connaissance dont la conformité avec son objet devient aussitôt question de foi et d'hypothèse.
Ainsi que l'a surabondamment démontré Berkeley, il nous est impossible de concevoir une
existence en dehors du fait de connaissance qui
la supporte. Lorsque, pour apprêter un argument
contraire, nous prétendons faire abstraction, dans
l'univers, de tout acte de connaissance pour ne
laisser subsister qu'un objet qui n'a point connaissance de lui-même, nous oublions naïvement que
notre pensée, qui dérobe à toutes les autres
pensées la vue de cet objet, qui croit s'en écarter
ensuite elle-même, demeure pourtant le lieu où
cet objet continue d'apparaître. Si, par exemple,
nous affirmons l'existence de la terre privée désormais de tout être vivant, vide de toute pensée
qui la perçoive et accomplissant parmi les espaces
stellaires son orbe accoutumé, nous oublions que
notre propre pensée, par laquelle nous imaginons
ce spectacle, lui prête seule son existence et, par
la perfection de son mécanisme, lui simule une
objectivité. La thèse matérialiste fait de même,
elle est dupe de la même illusion et oublie que
toute l'évolution qu'elle conçoit et qui aboutirait

à son gré à la pensée consciente n'a d'existence que dans la pensée qui, depuis ses premières démarches, soutient toutes les phases de cette évolution.

On peut pourtant négliger cette première objection fondamentale, pour s'attacher à ce processus physico-chimique invoqué par la thèse matérialiste, et pour considérer avec attention la transition qui y est invoquée et qui s'effectuerait sans changer de caractère, de la matérialité du phénomène objectif au fait de représentation consciente de ce phénomène. Il faut ici, est-il besoin de l'énoncer, distinguer strictement ce fait de *représentation dans la pensée* du fait *d'adaptation d'un moyen à une fin* où l'on peut, en un sens important, continuer de voir un fait d'intelligence — le fait même de l'intelligence. Ce fait d'adaptation appartient sans consteste, avec le phénomène tout entier de l'intelligence, ainsi défini, au processus physico-chimique. Cette distinction bien spécifiée, il faut accorder que les découvertes scientifiques nous ont accoutumés à des métamorphoses stupéfiantes pour l'esprit, et qui ne cessent de nous étonner que par la régularité avec laquelle elles se produisent et par la connaissance acquise des conditions de l'événement : telles sont, parmi beaucoup d'autres, les transformations de la chaleur ou de l'électricité en énergie. Cependant, nous parvenons, avec la notion du mouvement, à établir une commune mesure entre ces divers phénomènes. Or, il n'en est pas de même à l'égard du fait de la pensée consciente, et il semble bien, lorsque nous tentons de nous élever de l'hypothèse de la matière jusqu'au fait de conscience, lorsque nous nous efforçons d'intégrer celui-ci dans la suite des tranformations matérielles, il semble bien que nous rencontrions un hiatus infranchissable.

La considération la plus grave qui porte à déclarer ce pas infranchissable, c'est l'absence de toute relation imaginable entre le fait de conscience et les autres phénomènes physico-chimiques, c'est l'inutilité absolue qu'il y a à faire intervenir le fait de conscience dans l'accomplissement d'un phénomène physico-chimique, fût-il déjà de nature biologique. C'était le préjugé des écoles spiritualistes, d'imaginer que les phénomènes complexes de l'intelligence humaine exigeaient l'intervention du fait de conscience, et c'était précisément un des cas où éclatait le vice de la conception dualiste dont elles se réclamaient, car il fallait supposer un lien de cause à effet entre le fait de conscience, dépendance de l'âme, et le mouvement moléculaire cérébral, quelque médiateur plastique à la façon de celui que Cudworth imagina. Or, l'étude purement physiologique des centres cérébraux et des phénomènes intellectuels, sur le plan de l'hypothèse matérialiste et par les moyens le plus strictement scientifiques, semble bien établir actuellement que, le fait de conscience retiré, les choses se passeraient dans l'ordre des activités adaptées à une fin, unies entre elles par le lien de cause à effet, de la même façon dont elles se passent, le fait de conscience paraissant intervenir. Une complication du mécanisme cérébral suffirait à tout expliquer en purs termes de mouvement, et toute l'intelligence humaine se pourrait réduire à un machinisme analogue à celui qu'avait imaginé Descartes, pour justifier, sans l'intervention de la pensée, les actes des animaux. Cette inutilité du fait de conscience, jointe à la difficulté qu'il y a à accorder une similitude de nature entre un fait de conscience et un fait de mouvement ou la transformation possible de l'un en l'autre, a pour conséquence de laisser voir une lacune dans la construction de l'être sur le plan de la matière, et de détourner de cette tentative notre passion logique.

Il reste entendu, cependant, que la lacune qui vient d'être signalée dans la thèse de la matière ne creuse pas entre ces deux systèmes, *matérialisme, idéalisme*, suscités l'un et l'autre, sur le plan de la recherche métaphysique, par un besoin pareil de satisfaction logique, l'abîme infranchissable qui existait entre la catégorie du monisme et celle des systèmes dualistes, où, sous le masque philosophique, se cache une entreprise d'action politique. Écarté comme moyen de construction métaphysique de l'existence, il apparaît, toutefois, que le thème de la matière, sur lequel a été construit jusqu'ici tout le déterminisme scientifique, devra conserver une importance majeure en un système offrant, du fait métaphysique, l'interprétation que l'on recherche. Il est permis de soupçonner, dès maintenant, qu'il pourra être transporté d'un seul bloc, avec toutes ses parties actuellement liées entre elles, dans un système plus large et plus compréhensif, qui paraît être l'idéalisme.

Il faut le dire encore, la grave objection qui s'élève contre le matérialisme, c'est qu'il repose tout entier sur un acte de foi, sur la foi en l'existence du monde extérieur, c'est qu'il accepte pour objectivement vrai ce qui, du point de vue de l'expérience psychologique, n'est qu'une illusion naturelle très forte. En réalité, entre l'idéalisme et le matérialisme, le dissentiment initial exprime la différence entre deux tendances cérébrales dont l'une va à accepter pour réelle l'apparence objective créée par la sensation, dont l'autre va à ne tenir pour réel que le fait lui-même de la sensation et à fonder toute connaissance sur l'analyse de ce fait. La première tendance a pour conséquence la foi en l'existence de la matière ; or, si cette hypothèse a rendu de grands services à la pensée scientifique, elle apparaît, du point de vue de l'analyse psychologique, à l'état de fantôme métaphysique. Il est permis de se demander, si au regard même de la science, cette hypothèse ne serait pas en voie de se détruire elle-même, si, à la lumière des notions dont l'hypothèse de la matière a enrichi la science, la matière ne tend pas à se dissiper chaque jour davantage, à devenir de plus en plus insaisissable. Il est déjà des cas où les manifestations matérielles ne sont connaissables que dans leurs effets. L'atome, après avoir échappé au regard de l'œil humain, échappe au microscope, brisant le lien sensible qui tout d'abord avait fait croire à son existence objective. Il n'est pas absurde de prévoir le moment où le matérialisme scientifique, sans se renier et par ses propres moyens, viendra confirmer les conclusions immédiates de l'analyse psychologique et réduira le monde à un pur système d'idéalisme où la matière ne figurera plus qu'à l'état de symbole. Il ne faut pas toutefois confondre ces prévisions avec des résultats acquis, et, on tient à l'énoncer, afin de préciser encore la méthode de cette étude, on ne considère pas comme illégitime l'attitude intellectuelle qui porta, qui porte encore beaucoup d'esprits à accepter comme des réalités objectives les représentations fournies par les sens. On conçoit qu'il soit permis d'hésiter entre les données de ces apparences sensibles et celles de l'analyse psychologique, et on serait tenté de ne reconnaître dans le parti pris en faveur de l'un ou l'autre point de vue que la prédominance de tendances individuelles. Ces tendances inclineraient l'esprit à accorder plus de crédit, ici, aux données immédiates du sens intime, là au témoignage des apparences sensibles, en négligeant l'intermédiaire psychologique. Aucun critérium ne serait propre à décider de la question de vérité entre ces deux postures. On serait tenté de s'en tenir à cette appréciation, si la méthode que l'on a choisie, sans se préoccuper de la question de vérité, ne visait rien de plus que le pouvoir d'explication des hypothèses en jeu. Or l'ampleur, la cohérence harmonieuse de la justification fournie par la thèse idéaliste du phénomène de la vie vont militer en faveur du choix de cette thèse, et nous conseiller de la préférer.

4

CHAPITRE III

LA MÉTAPHYSIQUE DE LA PENSÉE : L'IDÉALISME DE BERKELEY

Examen de l'hypothèse idéaliste. — L'idéalisme selon Berkeley. — Son excellence en tant qu'il fait échec au réalisme de la matière.

Entre les deux attributs positifs, l'étendue et la pensée, au moyen desquels Descartes se propose de construire le système du monde, le matérialisme n'en accepte qu'un, l'étendue, dont il prétend faire sortir la pensée ; l'idéalisme n'en accepte qu'un, la pensée, dont l'activité soutiendrait les apparences matérielles.

Poussant à bout la méthode psychologique inaugurée par Descartes, l'idéalisme tient la pensée pour la seule donnée *immédiate* que nous possédions : l'étendue, la matière et ses modes nous sont donnés dans la pensée, — *a posteriori*, — nous ne les connaissons que par nos sensations. Amené à cet état, le problème se résume en ces deux questions : nos sensations sont-elles suscitées

par des objets ayant une réalité distincte de celle
de la pensée? Sont-elles, au contraire, des modifications, des modes de la pensée elle-même? Du
point de vue des conclusions déjà acquises au
cours de cette étude, il suffit que la pensée soit
présentée comme la réalité la première donnée,
pour que la réponse à ces questions ne puisse
être douteuse; aussi bien eût-il suffi qu'elle fût
reconnue pour une réalité. La réalité de la pensée
accordée, on ne saurait, en effet, concéder l'existence distincte des objets hors de la pensée sans
tomber dans l'inconvénient de tous les systèmes
dualistes dont on a montré précédemment qu'ils
créaient entre les phénomènes un abîme infranchissable et rendaient la connaissance impossible.
C'est ce souci de fonder l'existence sur un fait de
connaissance dont le témoignage fût irrécusable
qui a déterminé Berkeley à rejeter l'hypothèse
d'une réalité distincte de celle de la pensée. Il
a vu que la croyance à l'existence d'objets hors
de l'esprit engendrait logiquement le scepticisme.
C'est en effet dans ce cas seulement que peut se
poser la question de l'identité entre les objets de
la perception et la représentation que l'esprit s'en
forme, et qu'un doute peut naître à ce sujet.

L'esprit, en proie au souci de se composer de l'être
une représentation cohérente, est donc acculé à la

nécessité de cette proposition : rien n'existe hors de la pensée, rien n'existe hors de l'esprit qui ne peut connaître que lui-même et ses modifications. Ainsi ce souci qui est le nôtre, nous a contraints à rejeter d'abord toute conception dualiste affichée et apparente. Elle nous contraint maintenant de rejeter la croyance à l'existence objective de la matière comme contenant, du point de vue de l'analyse psychologique, un dualisme involontaire et furtif qui s'opposerait à notre projet, de sorte que la nécessité d'admettre, en vue d'une justification du fait de l'existence, un seul principe dans l'univers nous a induits à la nécessité de reconnaître ce principe dans le fait seul de la pensée.

La conception de l'idéalisme a été, dans les temps modernes, illustrée par Berkeley. Berkeley a nié l'existence de la matière en tant qu'on la considère comme quelque chose qui existerait dans les phénomènes indépendamment des qualités perçues par l'esprit. En poussant à bout la doctrine du philosophe, on aboutit à ces conclusions : ce que l'esprit perçoit dans le phénomène, c'est ce qu'il y apporte. C'est l'intervention active de l'esprit créant la perceptibilité des choses qui les rend perceptibles, et rien ne peut nous garantir qu'une chose continue d'exister, de posséder des qualités sensibles, la solidité, l'étendue, la figure, après que l'acte spirituel qui lui conférait ces qualités a cessé d'opérer, sitôt qu'elle n'est plus ni perçue, ni conçue. Cela revient à dire que la réalité des choses, des objets, dits extérieurs, se réduit au *percipi* au fait d'être perçue, et ce *percipi*, ce fait d'être perçue suppose l'action constante du *percipere*, de ce qui perçoit. Entre ces deux termes, *percipere* et *percipi*, il n'y a place pour aucune réalité relevant d'une origine différente. A l'appui de sa thèse, et dans la mesure où il expose l'impossibilité de concevoir l'existence d'une chose en dehors de l'action de l'esprit qui la perçoit, Berkeley a apporté une suite d'arguments techniques d'une extraordinaire rigueur et dont aucune réfutation n'a réussi à compromettre la solidité. Il n'y a rien à ajouter à cette somme dont on va s'efforcer de résumer l'essentiel. Au contraire, la méthode adoptée, en vue de la recherche poursuivie en cette étude, nous contraindra de nous séparer de Berkeley en ce qui touche à l'hypothèse qu'il forme pour expliquer la constance de tout un groupe de représentations, à savoir celles qui ont engendré précisément la croyance à l'objectivité des choses, celles-là qui s'imposent à tous les hommes avec fatalité, dès qu'ils font usage de leurs sens et sur lesquelles semble se fonder la possibilité de la science. S'il a démontré avec perfection comment il est impossible d'admettre une réalité extérieure à l'esprit, il n'a pas réussi à expliquer, par un moyen acceptable du point de vue où l'on se place ici, comment l'apparence de cette réalité s'impose avec une force invincible.

★

Les arguments apportés par Berkeley à l'encontre de la réalité d'un monde extérieur à l'esprit sont contenus dans son *Essai sur la vision*, dans les *Principes de la connaissance humaine* et dans les *Dialogues entre Hylas et Philonoüs*, ce petit livre d'un tissu dialectique si fort et si serré. La démonstration repose sur un inventaire minutieux des sources de notre connaissance. Mais elle se fonde tout d'abord et constamment sur cette pétition de principe exprimée ou sous-entendue, qu'il n'y a point d'existence en dehors de la connaissance, qu'une chose n'existe pas qui n'est connaissable pour aucun esprit, qu'il y a contradiction entre l'idée d'existence et l'idée d'une existence qui ne pourrait être par définition ni perçue, ni conçue, qui, par conséquent, ne pourrait entrer en aucun rapport d'aucune sorte avec le monde des esprits qui connaissent ni avec la réalité que ces esprits connaissent. C'est de cette pétition de principe que Berkeley s'élève par voie de déduction analytique à cette proposition dont il est essentiel de saisir la nuance différente et qui est la formule même de sa doctrine : en dehors de la réalité qui résulte pour un objet du fait d'être perçu, qui résulte donc de l'action de l'esprit qui le perçoit, il n'y a en cet objet aucune autre réalité d'aucune sorte. On marquera en quoi cette proposition dépasse le postulat sur lequel elle se fonde, en énonçant qu'elle aboutit expressément à signifier que la pensée ne peut connaître que la pensée, qu'il n'est pour elle d'autre chose connaissable qu'elle-même, sanctionnant ainsi la nécessité du monisme exclusif auquel le souci qui nous guide nous avait acculés.

Les données des sens, ce sont là, selon Berkeley, les seuls éléments immédiats de connaissance qui se rencontrent dans l'intelligence, et la première partie de son argumentation consiste à démontrer que ces données des sens nous mettent en possession d'une réalité d'origine purement intellectuelle, à l'exclusion de toute réalité pouvant avoir une origine différente. Il exposera ensuite qu'on ne rencontre dans l'intelligence, en dehors de cette matière première de la sensation, d'origine et de nature intellectuelles, que des combinaisons, par voie d'association et de dissociation, de ces éléments premiers c'est-à-dire, des opérations intellectuelles et la connaissance que nous avons de leur jeu, enfin les produits de ces opérations qui sont, d'une part les objets particuliers et concrets et, d'autre part, les idées abstraites. Il résultera de cette analyse, qu'à aucun moment quelconque du processus où s'élabore la connaissance, il n'y entre un élément qui ne soit de la nature de la pensée.

« Les choses sensibles sont celles-là seules que les sens aperçoivent immédiatement. » Telle est dans les *Dialogues entre Hylas et Philonoüs*, la définition sur laquelle les deux philosophes commencent par se mettre d'accord, et déjà, avec cette définition, Philonoüs, protagoniste de la thèse de Berkeley lui-même, possède l'arme qui doit assurer son triomphe. Il constate, avec l'assentiment de son adversaire, que nous n'apercevons rien d'autre par l'oreille que les sons, par l'œil que la lumière, les couleurs et les figures, par le palais que le goût, par le toucher que les qualités tactiles, et de même, par tous les autres organes des sens, que des qualités sensibles. Si donc il était possible « de séparer des objets leurs qualités sensibles, il n'y resterait plus rien de sensible » et il en résulte, remarque-t-il, « que les choses sensibles ne sont rien de plus que des qualités ou des combinaisons de qualités sensibles ». Ces prémisses posées, Philonoüs demande à Hylas si la réalité des choses sensibles consiste uniquement dans la qualité qu'elles ont d'être perçues ou bien s'il y a en elles quelque chose qui diffère de la qualité qu'elles ont d'être perçues ou qui ne se rapporte point à l'esprit qui les perçoit, et Hylas de répondre : « Exister est une chose et être aperçu en est une autre » et pressé de définir sa conception de la réalité sensible : « J'entends par là, dit-il, quelque chose de réel et d'absolu, qui diffère sans doute de la qualité d'être aperçu et qui ne se rapporte en aucune manière aux perceptions que des esprits peuvent avoir. » Et cette définition, que l'on a rapportée littéralement, exprime l'antithèse que Berkeley, par l'entremise de ses deux discoureurs, va considérer sous tous ses aspects, pour en démontrer l'inanité, pour en faire sortir la contradiction dans les termes qu'il y voit impliquée.

Il est impossible de suivre ici Berkeley dans l'examen minutieux qu'il institue de toutes les qualités sensibles auxquelles Hylas s'efforce d'attribuer un substratum en dehors de l'esprit. On se contentera d'indiquer le moyen principal de son argumentation, moyen dont il diversifie l'emploi avec un art infini, mais auquel aboutissent toujours tous les détours de la dialectique et dont l'efficacité est définitive.

Ce moyen est de réduire toute qualité sensible, sous laquelle Hylas croit découvrir une réalité objective indépendante de l'esprit, à une sensation qui ne peut être située hors de l'esprit, qui ne peut être attribuée à un objet inanimé. Ainsi procédera-t-il à l'égard de l'idée de la chaleur à laquelle Hylas ne manque pas d'accorder une existence réelle. Il faudra, s'il en est ainsi, remarque Philonoüs, que la chaleur existe hors de l'esprit, et cette existence extérieure à l'esprit devra convenir également à tous les degrés de chaleur, au plus grand comme au plus petit. Or, si le degré de chaleur le plus intense est, ce qui ne saurait être contesté, une très grande douleur, il faudra accorder qu'une chose qui n'est pas douée de la faculté d'apercevoir et de sentir — il faut la supposer telle, sans quoi elle ne différerait aucunement d'un esprit — peut-être susceptible de douleur ou de plaisir, ce qui implique contradiction.

Le procédé qu'emploie ici Berkeley sans en donner l'explication analytique est celui qu'il appliquera à toutes les qualités présumées des choses. Il consiste bien, ainsi qu'on vient de l'énoncer, après avoir montré en toutes ces qualités, par la vertu même de la définition des choses sensibles le contenu d'une perception, à faire voir les racines de la perception dans la sensation, c'est-à-dire dans une modification du sujet, de l'esprit. Aussi montre-t-il avec insistance que ces racines ne peuvent se former ailleurs, et il ne se fait pas faute de faire éclater les contradictions qu'implique la prétention contraire. Il s'y évertue en toute occasion comme en celle-ci, qui tiendra lieu d'exemple de la généralité du procédé. Hylas vient d'accorder que le degré de chaleur le plus intense, celui qui se confond avec la douleur, ne peut exister que dans l'esprit ; mais il ne renonce pas à soutenir qu'il est des degrés de chaleur modérés qui n'affectent le corps ni d'une façon agréable ni d'une façon douloureuse, que ces degrés modérés sont réellement la chaleur, qu'ils existent dans les corps, hors de l'esprit qui perçoit. « Ne serait-ce pas une absurdité, lui demande Philonoüs, que de penser qu'une même chose peut être en même temps froide et chaude ?... Supposons maintenant que vous ayez chaud à l'une de vos mains et froid à l'autre, et que vous les plongiez en même temps, l'une et l'autre, dans un même vase plein d'eau ni froide ni chaude. La même eau ne vous paraîtra-t-elle pas alors tout à la fois froide, à en juger par la sensation qu'elle excitera dans l'une de vos mains, et chaude, à en juger par la sensation qu'elle excitera dans l'autre ? »

Au temps où vivait Berkeley la distinction entre

les qualités secondes et les qualités premières de la matière était fort en honneur. Hylas, qui s'est laissé convaincre que toutes les qualités secondes, la chaleur, l'odeur, le son, la couleur, la saveur, n'existent pas hors de l'esprit, hors de la sensation qui les soutient, Hylas entend bien réserver les droits d'un substratum matériel, indépendant de la pensée, en faveur des qualités premières, l'étendue, la figure, la solidité, la pesanteur, le mouvement. Philonoüs, pour combattre cette nouvelle prétention, invoque de nouveau l'impossibilité d'accorder une existence à des modalités indépendantes de la pensée qui, selon qu'elles sont considérées par un esprit ou par un autre, présentent des aspects différents et contradictoires, qui varient par conséquent selon l'esprit qui les soutient. Le même objet, vu de loin ou de près, à l'œil nu ou à l'œil armé d'un microscope, n'a ni même dimension, ni même aspect, il a des dimensions différentes selon qu'il est envisagé par une mite ou par un homme. « Il n'y a, conclut-il, ni étendue, ni figure dans aucun objet, puisqu'un même objet peut paraître à un œil petit, uni et rond, à un autre, grand, raboteux et angulaire. » Le mouvement, non plus, n'appartiendra à aucune substance dénuée de pensée, puisque, évalué par la conscience sensible, tel mouvement particulier serait lent pour celui-ci, rapide pour celui-là, puisqu'il subirait en un mot toutes les variations commandées par la nature et la manière d'être de l'esprit qui le percevrait. Hylas n'a-t-il pas accordé d'ailleurs que ni le froid ni le chaud ne sont dans l'eau parce qu'une même eau peut paraître chaude par la sensation qu'elle excite dans une main et froide par la sensation qu'elle excite dans l'autre? Pourra-t-il, mis en demeure par d'identiques raisons, refuser un même acquiescement à l'égard de la forme, de l'étendue, du mouvement?

★

Si Berkeley, dans *les Dialogues*, oppose à la thèse de l'objectivité des qualités premières de la matière, cette même argumentation dont il a fait usage à l'encontre de l'objectivité des qualités secondes, et qui a pour effet de rendre manifestes les contradictions inhérentes à ce double point de vue, on rencontre éparse, en ses autres ouvrages, en ce qui touche aux qualités premières, une autre sorte d'argumentation dont le but est différent, mais qui n'est pas d'un moindre intérêt. Elle a pour effet de déterminer la nature, et en quelque sorte le mécanisme de l'erreur fondamentale qui attribue l'objectivité à ces qualités premières. On va rassembler en un seul bloc cette argumentation, en y ajoutant au besoin et en la transformant, en une certaine mesure, pour la préciser et lui faire porter toutes ses conséquences.

Cette erreur fondamentale, à l'encontre de laquelle s'élève tout le système de l'idéalisme, consiste à prendre pour une réalité indépendante de la sensation, et par conséquent de l'esprit, parce qu'on n'y découvre pas le jeu immédiat de la sensation, ce qui est le résultat d'une opération de l'esprit, combinant entre elles les données élémentaires de la sensation. Ces données élémentaires que la théorie objective de Locke tient pour les qualités secondes, forment en réalité la véritable substance des objets. Le son, la couleur, la saveur, la sensation du froid et du chaud, celle de la résistance, du poli ou du rêche et toutes celles qui affectent le sens du toucher, ce sont là les véritables éléments premiers avec lesquels il est possible, au moyen d'opérations purement intellectuelles, de constituer toutes les qualités dites premières, l'étendue, la solidité, la pesanteur, la forme ou la figure. Quand bien même toutes les qualités secondes auraient une réalité matérielle hors de l'esprit, il serait possible encore de définir les autres, par voie de déduction spéculative, comme des complications et des combinaisons de celles-ci, de leur attribuer une existence purement abstraite, purement intellectuelle. Aussi, après avoir démontré, en ce qui touche aux qualités secondes, par la nécessité du recours à une sensation afin de les faire apparaître, l'impossibilité de leur attribuer une réalité hors de l'esprit, la question de l'idéalité du monde est acquise. Cette première tâche accomplie, il ne reste logiquement qu'à faire voir par quelle suite de complications les qualités secondes donnent naissance aux qualités premières. Le théoricien d'une réalité purement intellectuelle n'a plus à redouter de voir surgir, au cours de cette tâche, le spectre d'une réalité étrangère à l'esprit, car tous les éléments qu'il combine ensemble participent uniquement de la nature de la pensée, ce sont des éléments imaginés et créés par l'esprit, et c'est encore l'esprit dont l'activité entre en jeu, pour les assembler et les combiner.

Dans l'inventaire, institué par Berkeley, des idées qui sont dans l'intelligence et composent le tissu de la connaissance, ces qualités premières de la matière ne doivent donc pas être analysées au chapitre qui traite des données élémentaires de la sensation, elles ont leur place marquée au cours des développements qui ont trait aux produits des opérations de l'*esprit*.

Avec les qualités secondes, c'est-à-dire, en termes de philosophie idéaliste, avec ces divers modes de l'activité de l'esprit que sont les sensations, nous possédons les matériaux au moyen desquels il est possible de composer la diversité des objets : encore faut-il prendre la peine d'assembler et de combiner entre elles ces sensations, de les fragmenter, en créant parmi leur substance des solutions de continuité, d'associer et de dissocier ces fragments selon une infinité de rythmes et de rapports. C'est à ce prix que l'objet se formulera, modelé par la rencontre de plusieurs sensations convergentes, chacune de celles-ci étant à ses points de contact avec les autres, la ligne ou le plan d'intersection où des contours se préciseront. C'est sous cette condition que les formes distinctes du monde phénoménal émergeront du chaos, et offriront à l'esprit la féerie merveilleuse de leur innombrable variété.

Un tel travail d'élaboration de la réalité suppose la présence dans l'esprit et la mise en œuvre d'une quantité de formes. Il donne aussi naissance, après son accomplissement, à des apparences sensibles qui ne sont autre chose que des synthèses de sensations, mais qui revêtent l'aspect et donnent l'illusion d'entités pourvues d'une existence propre, et cela d'autant mieux que le mécanisme de l'esprit a plus complètement transformé et dissimulé la matière première dont elles sont tramées, la sensation. Ainsi, et parce qu'il est malaisé de situer une sensation ailleurs qu'en un esprit, on est d'autant plus tenté d'attribuer une origine étrangère à l'esprit à un produit de l'activité mentale que la matière de la sensation y est plus invisible. On oublie que tout ce qui est ajouté à la sensation dans ce produit, tout ce par quoi elle a été métamorphosée est du fait de l'esprit et porte expressément sa marque.

Berkeley a nettement distingué cette confusion où s'alimente le préjugé commun touchant l'objectivité de la matière et de ses qualités premières. Pour mettre fin à cette confusion et pour dissiper l'illusion d'un mystérieux *en-soi* matériel, il a montré, en de minutieuses analyses, à quel travail de complication et de raffinement de la sensation par le mécanisme de l'esprit est due la genèse des idées sous lesquelles on prétend étreindre cet en-soi matériel. En faisant toucher tout ce qui entrait de connaissable dans leur composition et suffisait à les expliquer, il a pensé retirer tout prétexte à y introduire une matière et des qualités inconnaissables. Son *Essai sur une théorie nouvelle de la vision* a pour objet de se rendre maître de l'idée de l'étendue qui figure au nombre de ces qualités premières et semble conditionner l'existence d'une réalité extérieure à l'esprit. Il démontre dans ce petit traité que la notion de l'étendue ne nous est point donnée par le sens de la vue d'une façon immédiate et comme le contenu d'une perception, mais qu'elle se forme à la suite d'une association complexe entre les données de la vue qui ne perçoit rien de plus que les couleurs, la sensation organique déterminée par l'ajustement de l'œil à la distance, enfin les sensations du toucher, ressuscitées au moment utile, par l'intervention de la mémoire. Ainsi, construisant l'idée d'étendue avec des éléments dont aucun n'est de nature autre qu'intellectuelle, il réintègre l'étendue dans la pensée.

Avant Kant qui fera de l'espace l'une des formes de l'intuition sensible, Berkeley fait voir que l'espace est intérieur à l'esprit, qu'il est pour l'esprit un *moyen* de représentation des objets. A la différence de Kant, d'ailleurs, il ne craint pas d'assigner à l'idée abstraite de l'espace pur et simple une origine empirique. C'est, dit-il, l'idée que nous formons à l'occasion d'un mouvement qu'aucune résistance ne contrarie: mais cette origine empirique ne compromet point la nature intellectuelle de l'espace dans une théorie qui, préalablement, a réduit toute expérience possible à ne s'appliquer qu'à des postures et des mouvements de la pensée. De même cette démonstration préalable sur laquelle repose l'idéalisme tout entier le délivrera de tout scrupule qui eût pu le détourner d'attribuer à l'idée du temps une origine également empirique : c'est, dira-t-il, l'idée de succession résultant de la connaissance du changement dans nos idées. Si le temps et l'espace n'ont pas chez Berkeley le caractère *a priori* que Kant va leur conférer, ces idées ont bien la même destination que Kant leur assignera : ce sont des moyens de connaissance. Selon Kant, ces moyens sont antérieurs à toute connaissance, ils sont les formes de toute connaissance possible. Avec Berkeley, nous voyons l'activité de la pensée se les inventer et se les donner à elle-même : ce sont à la fois des produits de l'activité de la pensée et des moyens, d'une extraordinaire puissance, de son activité subséquente appliquée à imaginer les formes de l'existence.

En possession des idées de temps et d'espace, Berkeley établira sans peine la genèse du mouvement. De même, sous le jour des analyses dont il a le premier fait usage, la pesanteur et la solidité de la matière s'expliqueront par la rencontre des sensations de la vue avec celles du toucher, et avec la sensation de l'effort musculaire. Ainsi toutes les qualités premières de la matière se dissipent pour se révéler des dépendances de l'esprit : à leur suite, l'idée même de la matière va s'évanouir à son tour. Avec la croyance à l'idée de la matière, Berkeley va démontrer en effet que l'intelligence humaine témoigne encore d'une confusion analogue à celle dont diverses variétés viennent d'être décrites, elle prend pour une réalité indépendante le produit d'une des opérations les plus délicates et les plus complexes de l'esprit. Elle réalise une abstraction. Berkeley, dans l'*Introduction aux Principes de la connaissance humaine*, a particulièrement insisté sur le danger des idées abstraites, sur la nécessité de les prendre pour ce qu'elles sont et de ne leur point accorder d'attributs qui ne leur appartiennent pas. Ce sont, dit-il, de simples signes, et il dénonce le procédé au moyen duquel l'esprit les forme : ce procédé consiste à retrancher de divers objets les caractères particuliers qui les distinguent pour ne retenir que ce qui est commun à tous. Or, on peut bien donner un nom au résultat d'une telle opération, ce nom pourra bien être utile à conserver et à transmettre la notion que l'on y aura enfermée, mais il sera impossible de faire apparaître sous ce nom aucune image, aucune réalité sensible, tout caractère distinct impliqué dans une image faisant perdre à l'idée sa généralité abstraite. Ainsi, ne pouvons-nous nous représenter l'idée abstraite de couleur ; mais, sitôt que nous nous y appliquons, quelque couleur particulière éclate devant nos yeux et que nous ne chassons que pour en faire surgir une autre. Si nous ne voyons plus aucune couleur, nous cessons de voir quoi que ce soit, et jamais nous ne voyons la couleur abstraite, parce qu'il y a antinomie entre son existence comme signe verbal pourvu d'une entité intellectuelle, et son existence comme contenu d'une sensation, parce que toute couleur que nous verrions par les yeux exclurait toutes les autres couleurs que l'idée abstraite de couleur a reçu mission de comprendre.

Or, au nombre des idées abstraites, l'idée de matière est entre toutes la plus abstraite. Dans son usage légitime, on pourrait dire qu'elle est un signe propre à évoquer ce qu'il y a de plus général dans les objets particuliers qui tombent sous les sens, ce qui leur est commun à tous, à savoir un fait de synthèse, le fait de synthèse qui crée leur objectivité et qui consiste, comme on l'a énoncé, en ceci, que chacun d'eux implique nécessairement la présence et le concours de plusieurs sensations convergentes. Nous pouvons, en effet, éprouver des sensations isolées, percevoir une odeur, ouïr un son, mais nous ne pouvons imaginer aucun objet distinct que la sensation du toucher n'y vienne soutenir la sensation de la couleur, celle de l'ouïe ou quelque autre : sans cette rencontre, il n'est pas d'objet, et sans la pluralité des objets, jamais nous ne formerions l'idée de la matière. L'usage légitime de cette idée consiste donc à désigner d'un terme le fait de synthèse commun à tous les objets imaginables et possibles. Cet emploi exclut pour la matière la possibilité de correspondre à aucune synthèse déterminée, d'exciter aucune image sensible, d'être contenue en aucune perception quelconque. La croyance à un en-soi matériel, indépendant de la pensée, est donc une forme du réalisme qui consiste à imaginer des substances sous des noms généraux, sous des opérations de l'esprit. Toute la bataille idéologique, menée par Berkeley, a pour but de dévoiler l'artifice de cette réalisation d'abstrait. Il semble qu'il soit demeuré maître de ce champ de bataille et qu'aucune réplique valable ne puisse lui être opposée quand il formule en fin de compte : il n'existe pas, sous les qualités sensibles des choses, un substratum non pensant, distinct de la pensée et de l'esprit et dont ces qualités ne seraient que les modes. Il n'existe pas d'archétypes solides, colorés, sonores, odorants dont les idées ne seraient que les images; non, car il faudrait supposer que ces archétypes sont eux-mêmes perçus; ce seraient alors des idées, c'est-à-dire des actes de l'esprit ou qu'ils ne le sont pas, et ils ne soutiendraient alors aucune sorte de rapports avec l'esprit, ils n'entreraient pas dans notre connaissance. Et Berkeley constate que, s'il existe en dehors de l'esprit des substances solides et étendues, l'esprit ne peut les connaître puisqu'elles sont, par définition, placées hors de ses prises. Au contraire, si de telles substances n'existent pas en dehors de l'esprit, notre idée du monde n'en est aucunement changée puisque les données des divers sens, combinées entre elles par les opérations de l'esprit, suscitent l'apparition, comme des dépendances de l'esprit, de ces substances étendues et solides.

CHAPITRE IV

L'IDÉALISME ET LA RÉALITÉ SENSIBLE

I. Examen de l'objection fondamentale que soulève l'idéalisme : indépendance dont témoigne, à l'égard des consciences individuelles, la réalité des objets sensibles ; caractère nécessaire et constant de cette réalité. — II. Comment Berkeley oppose à cette objection l'hypothèse de l'esprit divin, soutenant, devant les esprits individuels, par la constance et la régularité de son action, l'existence de cette réalité sensible. — III. Rejet de cette hypothèse d'une intervention divine en ce qu'elle ressuscite, avec l'opposition de l'esprit infini aux esprits finis, une forme du dualisme qui remet en question la possibilité de la connaissance.

I

Avant de nous séparer de Berkeley, il convient de reconnaître tout ce dont lui est redevable la recherche dont l'objet nous guide, ce désir de l'esprit uniquement préoccupé de se composer une représentation totale de l'univers, exempte de contradiction. Berkeley a formulé sans rectriction le principe de l'unité de substance. Il n'y a dans l'univers d'autre substance que l'esprit, ce qui perçoit. Toutes les autres substances qu'il nomme secondaires sont dérivées de celle-ci : ce sont les synthèses permanentes des idées perçues par les sens. La matière est la synthèse de ces synthèses, elle est donc de nature purement intellectuelle, elle est, comme tout le reste, une substance spirituelle et qui n'a de réalité que dans l'esprit. De même qu'il n'y a qu'une seule substance dans l'univers, il ne s'y trouve qu'une seule cause réelle : l'activité volontaire de l'esprit. « Tout pouvoir, aussi bien que toute substance, note M. Penjon dans son excellente étude sur Berkeley[1], est purement mental. L'activité volontaire est dans l'univers la seule causation. Berkeley a déjà démontré que l'essence de tous les phénomènes est d'être perçus, qu'ils ne contiennent rien par suite dont le percevant n'ait connaissance. Or, nous ne voyons en eux ni pouvoir ni activité. Les phénomènes, sensibles ou non, ne peuvent donc être la cause de la conscience que nous en avons ; ils ne sont pas davantage la cause les uns des autres ; ils n'ont entre eux que des rapports de signes à choses signifiées, non de causes à effet. »

Avec la conception métaphysique de l'existence telle que Berkeley se l'est composée, l'esprit n'a à

---

[1]. G. *Berkeley, évêque de Cloyne, sa vie et ses œuvres*, par A. Penjon. Germer-Baillière et Cie, p. 56.

connaître que l'esprit, le problème de la connaissance est résolu par la suppression de l'hypothèse qui le rendait insoluble : celle d'une double substance répandue dans l'univers. Il est donc possible sur ces bases de poursuivre l'entreprise dont on a formé le dessein. On ne saurait croire toutefois que toutes difficultés soient désormais aplanies et que l'esprit n'ait plus à redouter aucune objection. Non ; simplement, le problème est ramené à des termes qui n'impliquent plus contradiction. Il a cessé d'être posé de telle façon, qu'à son aspect, toute intelligence réfléchie dût renoncer à l'espoir de le résoudre jamais.

Cette difficulté initiale et péremptoire étant levée, il reste que la présomption d'une réalité objective extérieure à l'esprit élève des objections de fait très fortes à l'encontre de l'hypothèse idéaliste. L'argumentation de Berkeley est irrésistible si l'on admet comme nécessaire que l'existence doive se résoudre nécessairement en un système de connaissance de soi-même absolument cohérent et que l'intelligence humaine soit propre nécessairement à construire ce système. Elle tombe si l'on admet qu'il y a dans le fait de l'existence quelque chose de plus que dans le fait de la connaissance et qui demeurerait inexplicable pour la connaissance. Or, ce serait une présomption qu'il en pût être ainsi, si la théorie se montrait impuissante à répondre à une objection de l'expérience.

Nous en sommes donc à ce point qu'il est impossible, suivant la démonstration de Berkeley, d'attribuer une existence hors de l'esprit au monde des objets matériels sans donner lieu à des conclusions absurdes. Mais nous estimons que l'absurde ne serait pas une cause suffisante de rejeter l'hypothèse, si toute explication rationnelle venait de son côté à se montrer impossible sous le jour de l'idéalisme, si cette théorie faisait surgir quelque difficulté insoluble. Or, si l'idéalisme de Berkeley se conçoit aisément à l'égard de tous les objets qu'invente notre pouvoir d'imaginer, que nous suscitons à volonté devant notre esprit et dont nous abolissons aussi à volonté l'image, s'il nous met à même de construire un monde spirituel avec des éléments spirituels, il semble soulever une grave difficulté à l'égard de tous les objets qui affectent les sens, qni affectent les sens de tous les hommes d'une façon identique et à l'égard desquels l'esprit paraît purement passif. Si l'on me montre une anémone, je puis fermer les yeux et refuser de la considérer; mais, si j'ouvre les yeux et les dirige vers la fleur, il ne dépend pas de moi de voir en son lieu quelque autre chose, un caillou ou une abeille, fût-ce même une fleur d'une autre sorte. L'objet paraît exister d'une existence parfaitement indépendante de celle de mon esprit. A tout moment il se produit un changement parmi les objets qui affectent ma conscience, ce changement je le subis, je ne le cause pas. Mon esprit rencontre donc ici un pouvoir plus fort que le sien, il se heurte à des objets qui paraissent avoir une réalité parfaitement indépendante de celle qu'il s'efforcerait en vain de leur vouloir infliger. Cette réalité est garantie par le témoignage des autres hommes, et si je détournais mon esprit du spectacle de ces objets, si ma pensée venait à s'éteindre, ces objets continueraient d'exister pour d'autres esprits, d'y susciter des impressions pareilles à celles qu'ils m'inspirent, témoignant ainsi d'une existence supérieure à celle de mon esprit, par leur survivance, par un pouvoir de suggestion émanant d'eux et s'exerçant à travers le temps sur une infinité d'autres esprits. Une telle constatation, et qui s'impose à tous les hommes n'est-elle point la source la plus féconde de la mélancolie des poètes? Ne fait-elle pas surgir le thème qu'ils ont tous, à toutes les époques, constamment développé, n'est-ce point ce sentiment de la réalité objective et victorieuse des choses qui retentit sur les cordes les plus anciennes de la lyre chez les poètes persans, chez ceux de l'Hellade ou du Latium et qui se fait entendre encore chez les modernes? N'est-ce point la conscience désolée de cette impuissance de l'esprit sur les choses qui gonfle d'un souffle si large les strophes lamartiniennes du *Lac* et inspire aussi cette *Tristesse d'Olympio*, une des pièces où le génie verbal de Victor Hugo a été le plus heureusement vivifié par le rythme sensible d'une émotion.

II

Berkeley entend cette objection, il l'accueille, il ne cherche aucunement à en diminuer la force. Il s'en garderait bien, car, loin de faire brèche, selon lui, à sa conception, elle la fortifie de tout l'appoint théologique. Certes, dira-t-il, il existe bien des objets qui possèdent une réalité indépendante de celle que leur confère le fait d'être perçus par les esprits individuels et finis des hommes. Ces objets n'en tirent pas moins leur existence du fait d'être perçus par un esprit; ils sont perçus par l'esprit divin qui, par la constance et le caractère suprêmement ordonné de son action, les soutient devant l'esprit des êtres finis et leur en impose une vision uniforme, constante et nécessaire. Tous les objets perçus de cette façon et avec cette nécessité sont les choses réelles, au seul sens où il est possible d'entendre que des choses soient réelles, et par opposition aux objets que suscite notre imagination et qui ne persistent pas au delà du temps qu'elle leur prête vie. L'expérience sensible, c'est la perception de ces signes constants où la pensée divine s'exprime : sur cette expérience sensible, sur cet empirisme, la science peut être fondée telle que nous la voyons se développer, la science, c'est-à-dire la connaissance des lois de l'univers selon l'ordre qu'y introduit l'action de la pensée divine.

C'est sur cette hypothèse divine, par laquelle Berkeley explique la constance de la réalité sensible, qu'il nous faut nous séparer de lui. Non sans admirer cependant l'usage qu'il a fait d'une telle hypothèse, le remarquable pouvoir justificatif qu'elle comporte sous le jour de ses théories, non sans marquer quelque étonnement qu'elle n'ait pas été adoptée, en guise de doctrine officielle, par une théologie avisée. De toutes les preuves de l'existence de Dieu imaginées par les docteurs, c'est la seule, en effet, qui soit digne de retenir l'examen. Elle est de plus introduite par Berkeley avec une merveilleuse opportunité, à la faveur de circonstances logiques dont il demeure aisé de reproduire l'enchaînement et qui la feraient bénéficier toujours d'un trouble et d'une émotion intellectuelle inévitables. L'impossibilité de l'existence hors de l'esprit des objets sensibles vient, en effet, d'être établie avec une telle rigueur que l'intelligence ne peut plus, sur un plan logique, avoir recours à l'hypothèse de leur réalité ; d'autre part, la persistance de la réalité sensible hors de chaque esprit individuel, l'impuissance dont tout esprit individuel fait preuve, s'il tente de la modifier, ces deux faits connexes semblent contraindre l'intelligence à braver la logique, ils l'inclinent à accepter l'existence d'une matière indépendante avec autant de force que les raisonnements précédents lui défendaient de l'admettre. Dans ces conditions, l'hypothèse d'un esprit divin soutenant par une action intellectuelle et constante une réalité intellectuelle et constante devant l'esprit des hommes, met fin à une angoisse logique : que de chances n'a-t-elle point d'être accueillie avec un sentiment de gratitude extrême.

III

Cette hypothèse déiste de Berkeley, n'est, à vrai dire, pas loin d'être acceptable. Elle tend à le devenir, par la même voie que suit toute hypothèse de cette nature, c'est-à-dire dans la mesure où elle retombe sur le plan des lois de l'esprit, et où elle se confond avec le panthéisme. Ce sont d'ailleurs les doctrines panthéistes qui lui ont donné naissance, il faudrait peu d'effort pour l'incliner de nouveau vers sa source et Berkeley lui-même s'est abandonné en quelques pages de la *Siris* à l'interpréter selon ce sens plus large.

Ces constatations n'ont d'autre but que d'attribuer au grand philosophe irlandais, au maître de l'idéalisme moderne, la place considérable qui lui est due dans l'histoire épique de la pensée s'efforçant de prendre possession d'elle-même, de laisser voir, parmi les germes magnifiques de son hypothèse, ceux-là mêmes dont sa piété sacerdotale, et une foi religieuse dont nous ne pouvons peut-être aujourd'hui apprécier la force et l'ascendant sur un grand esprit, l'ont empêché de favoriser la croissance.

Cette tâche accomplie, et interprétant l'hypothèse selon le sens nettement théiste que son auteur lui a en somme et en fin de compte attribué, il est indispensable de la rejeter sous cette forme. Cela est indispensable en vue de l'entreprise que l'on poursuit et que l'on ne cesse de fixer. Ce souci majeur nous commande d'écarter du problème tout élément qui y introduirait une antinomie ainsi que tout artifice de construction de nature à compromettre par la suite la solidité d'une théorie de la connaissance. Or l'hypothèse divine de Berkeley entraîne avec elle l'un et l'autre inconvénient. Si Berkeley supprime le dualisme de la pensée et de l'étendue impliqué dans la conception cartésienne, s'il ne voit dans l'univers qu'une seule substance, l'esprit, s'il forme de la sorte une conception moniste quant à la nature des choses, il suscite, d'autre part, une nouvelle catégorie du dualisme dans l'ordre de la grandeur en opposant l'infini divin au monde et aux êtres finis. Par delà cette antinomie essentielle et sortant du territoire logique, il reste encore que l'intelligence des êtres finis n'a d'autre garantie de la connaissance qui lui est dispensée de la réalité du monde et de ses lois que l'hypothèse de la bonté, de la justice divine, de l'ordre et de la perfection apportés par la divinité dans la constitution de l'univers. Or, nous ne pouvons juger de la bonté, de la justice, de l'ordre que par les notions humaines que nous avons de la bonté, de la justice et de l'ordre, et il advient précisément que notre façon de concevoir la bonté et la justice est profondément blessée par le spectacle du monde et par le drame constant qui s'y déroule. L'existence du mal et de la douleur y est si bien confessée par les théologiens mêmes, qu'en guise de justification ils ont dû imaginer un monde chimérique où les choses se passent différemment de la façon dont elles procèdent dans notre monde, où Dieu est réhabilité dans l'opinion humaine. Il reste donc que les idées morales que l'humanité s'est composées touchant la bonté et la justice seraient différentes des conceptions divines sur ces mêmes notions ; mais c'en serait fait alors de la foi en la véracité de notre connaissance, en son adéquation à la réalité.

La considération de l'ordre répandu dans l'univers aboutit aux mêmes conclusions. Si nous jugeons de l'ordre à la mesure humaine, il apparaît qu'il n'existe dans l'univers que ce minimum d'ordre et d'harmonie qui est pour l'univers une question d'être ou de ne pas être. Il faut bien, pour que l'univers stellaire existe, que les astres exercent les uns sur les autres une attraction d'une précision telle qu'elle les détermine à évoluer dans l'espace selon des courbes fixes, propres à éviter entre eux toute rencontre et tout heurt. Il faut bien, pour que les différentes formes de la matière aient pu se constituer, qu'une association ait été possible entre les éléments qui les constituent, que ces éléments n'aient pas été tous de nature à se détruire et à s'exclure. A supposer un monde entièrement composé par le jeu du hasard, parmi des forces aveugles, il va de soi que toutes les combinaisons impliquant destruction les uns par les autres des éléments intégrés dans le système ont été immédiatement éliminées et que celles-là seules ont pu subsister qui comportaient des séries de mouvements ne s'excluant pas. Après que l'on a observé dans le monde ce mininum d'harmonie qui conditionne son existence, on y découvre bientôt un tâtonnement, un effort hasardeux en vue d'une adaptation et le plus souvent un défaut d'adaptation qui ne seraient point pour nous rassurer sur la logique divine, si notre foi en nous-mêmes et en la validité de notre connaissance devaient se gager sur cette caution. On n'a pu croire que l'on prouvait l'existence de Dieu par la finalité et l'ordre inclus dans l'univers qu'autant que l'existence de Dieu était tenue d'abord pour un dogme. On pouvait alors travestir en un témoignage favorable les coïncidences les plus superficielles. Une telle présomption fomentée sous l'influence traditionnelle d'un tel paralogisme et intégrée dans l'automatisme mental a seule pu inspirer à Bernardin de Saint-Pierre son livre étrange des *Harmonies de la nature* que Flaubert mit à si large contribution pour composer ce recueil de la bêtise humaine où il s'ébaudissait. A regarder les choses d'un œil dépourvu de cette prévention, il apparaît au contraire que les diverses parties de l'univers et les divers organismes s'efforcent continuellement à réaliser une convergence et un état d'harmonie qu'ils n'atteignent que durant un bref moment, si tant est qu'ils l'atteignent jamais. En dehors de ce bref et hypothétique instant, l'inharmonique et l'à peu près sont la règle.

En biologie, le défaut ou l'insuffisance d'adaptation des organes aux fonctions éclate au regard de l'observation. Ce défaut provient, soit de ce que la fonction s'exerce, avant d'être en possession des organes appropriés, avec des organes rudimentaires qu'elle tâche de se constituer, soit de ce qu'elle se sert, pour un but nouveau, d'organes anciens qui avaient été façonnés pour une fin différente. On sait l'inutilité pour l'espèce humaine de l'appendice intestinal, et le danger qu'il présente. Les muscles de nos oreilles, la glande mammaire chez l'homme, pour ne comporter pas les mêmes inconvénients, n'en sont pas moins des survivances et qui ne répondent plus à aucune utilité actuelle. M. Remy de Gourmont, dans sa *Physique de l'Amour*, a relevé, parmi les autres variétés de l'espèce animale, nombre de cas où le défaut d'adaptation entre l'organe et la fonction est flagrant, et l'on pourrait citer, en contraste scientifique avec la fantaisie des *Harmonies de la nature*, n'importe quel passage du chapitre où il traite de ce défaut de convenance et d'harmonie. « Le cerf-volant, dit-il, le mieux armé de tous nos insectes, est inoffensif ; tel carabe, d'allure pacifique, est une redoutable bête de proie... La libellule ne fait rien des crochets qui rendent redoutable le termite, et elle rôde, paresseuse, cependant que, comme elle, névroptère, et rien de plus, son frère industrieux élève des himalayas[1] », et il constate « que les organes ne semblent nullement avoir été faits pour l'office dont ils s'acquittent ; la plupart, vraiment, sont des outils de fortune avec quoi un être se tire comme il peut de la besogne qu'il veut, qu'il doit faire[2] ».

La cause déterminante de ce défaut d'adaptation, la cause de l'imperfection inhérente à tous les organismes, c'est que l'ensemble du monde est en proie à un perpétuel changement. Aucun être vivant ne saurait donc réaliser une appropriation parfaite de ses organes à ses besoins ou à ses désirs. Le changement qui l'environne et modifie les conditions auxquelles il est soumis

---
1. *La Physique de l'Amour*, éd. du *Mercure de France*, p. 260.
2. *La Physique de l'Amour*, éd. du *Mercure de France*, p. 267.

exige qu'il modifie constamment ses organes, afin que, parmi des circonstances modifiées, ils desservent les mêmes besoins, les mêmes désirs. Il en résulte qu'il ne peut y avoir jamais de correspondance parfaite de la fonction à l'organe, du désir au moyen et que la vie, nécessairement, est pleine d'êtres non encore adaptés et d'êtres qui ne sont plus adaptés. Loin que s'y révèle la volonté d'un esprit parfait, elle s'avère le domaine de l'imperfection, de l'à peu près. A considérer les choses d'une vue philosophique, ne peut-on formuler d'ailleurs que le fait seul du changement exclut l'idée de perfection dont la conception, pour ne se donner point de démenti à elle-même, ne s'accorde qu'avec celle de l'absolu dans l'immuable?

Loin donc que le spectacle de l'univers manifeste à nos yeux l'action d'un esprit souverainement ordonnateur, infiniment juste et bon, l'observation, la plus superficielle comme la plus profonde, nous fait voir le monde vivant et se développant indépendamment de tout souci de justice ou de bonté et comportant, parmi une part nécessaire d'ordre et de convergence entre ses parties, une part beaucoup plus grande d'incohérence et de désordre.

La thèse de Berkeley expliquant l'existence

de la réalité objective par l'hypothèse d'un être infini, distinct des esprits finis, et qui soutiendrait cette réalité, doit donc être rejetée pour les deux motifs que l'on a formulés, parce qu'elle soulève, avec l'opposition de l'infini au fini, une antinomie qui blesse les formes de l'intelligence, sous quelque aspect qu'elle soit envisagée, parce que l'agnosticisme impliqué en cette antinomie essentielle se voit confirmé par l'examen de la réalité morale et scientifique, dont le témoignage se tourne contre la thèse qui l'avait invoqué. Nous sommes en effet contraints de reconnaître ou que l'intelligence infinie supposée par Berkeley est dépourvue de qualités morales et régulatrices, en sorte que rien ne peut nous assurer de la constance de son action ni de la véracité des idées que sa pensée impose à nos esprits, ou bien qu'elle nous refuse la possibilité d'évaluer selon les mesures qui sont les siennes et correspondent à la réalité des choses. Dans l'un et l'autre cas, l'entreprise métaphysique que nous poursuivons serait irréalisable, et cela est suffisant pour nous contraindre à rejeter l'hypothèse de Berkeley relative à l'existence d'un esprit infini distinct des esprits finis.

On vient d'énumérer les antinomies qu'elle suscite au regard de l'esprit. On va montrer que la difficulté qu'elle prétendait écarter peut être résolue sans elle. Il apparaîtra alors qu'indépendamment de ces antinomies qui la rendent inacceptable, elle est en outre superflue et qu'elle expliquerait, par une supposition toute gratuite et dont rien ne justifierait l'usage, un ensemble de phénomènes qui trouvent en dehors d'elle et en eux-mêmes leur justification.

CHAPITRE V

LA LOGIQUE EXTRÊME DE L'IDÉALISME

I. Nouvel examen de l'objection fondamentale opposée à l'idéalisme avec l'existence d'une réalité indépendante des esprits individuels. — L'idéalisme subjectif, poussé à ses conséquences absolues, ne laisse pas à cette objection la liberté de se produire. — II. Cette objection tombe également devant l'hypothèse d'un idéalisme objectif ne laissant place dans l'univers qu'à la seule réalité de la pensée, les divers objets et les divers sujets n'étant pour la pensée que des moyens de représentation, impuissants les uns et les autres à agir les uns sur les autres, traduisant, dans les relations nécessaires qui les unissent, les rythmes libres des mouvements de la pensée.

I

Il convient de considérer tout d'abord la valeur de l'objection qui a contraint Berkeley à imaginer l'hypothèse divine. Les objets des sens, dit-on, ont une existence indépendante de l'esprit individuel qui les perçoit, ils continuent d'exister dans l'esprit de B ou de C après que l'esprit de A a cessé de les percevoir. A n'est point libre de les percevoir s'ils sont hors de la portée de ses sens ; il n'est pas libre davantage de ne les point percevoir s'ils sont à la portée de ses sens et, il n'est pas libre, en ce cas, de les percevoir autrement que ne les percevrait un autre esprit soumis aux mêmes conditions. A n'a donc point créé l'objectivité de l'objet, objectivité qui consiste dans le fait d'être perçu. La réalité de l'objet ne se fonde aucunement sur le fait d'être perçu par A. Telle est la difficulté dont la solution impliquerait, selon Berkeley, l'existence nécessaire d'un esprit, soit, pour parler la langue du philosophe, d'un *percevant* infini et éternel, dont ces objets seraient les sensations permanentes, en sorte qu'ils survivraient, dans ce fait d'être constamment perçus par l'esprit divin, à tous les actes de perception des esprits finis.

Telle est l'objection, telle est la solution. Or, à se placer au point de vue de pure psychologie adopté par Berkeley, ni l'une ni l'autre ne valent. Berkeley, strictement enfermé, du fait de sa méthode, dans la substance de l'*ego* intellectuel, du moi qui pense, n'a pas plus le droit d'accepter l'une que de proposer l'autre. Il lui est aussi strictement interdit d'admettre l'existence d'esprits et d'objets indépendants de son esprit que de supposer l'existence, en dehors de son esprit, d'un esprit infini soutenant l'existence de ces objets. L'une et l'autre hypothèse reposent sur cette présomption arbitraire qui consiste à conclure, de l'existence d'une sensation, à l'existence d'une cause de cette sensation, située hors de l'esprit qui l'éprouve. Or c'est précisément sur la démonstration du caractère illégitime de cette conclusion que repose tout le système de Berkeley. Comment A peut-il connaître qu'il existe, en dehors de son esprit, d'autres esprits pour lesquels existeraient encore les objets qu'il a cessé de percevoir ? Il ne le peut que s'il croit d'abord à l'existence de ces esprits, mais il n'a d'eux aucune connaissance immédiate et directe, il ne les connaît, comme tous les autres objets, que comme des sensations de son esprit. B et C n'existent qu'en tant qu'il les perçoit ; à plus forte raison, les perceptions d'objets attribuées à B et à C n'ont-elles d'existence que dans l'acte intellectuel accompli par A. Si ce raisonnement a une force absolue, s'il est pour quelqu'un sans réplique, c'est précisément pour un théoricien comme Berkeley, c'est du point de vue de psychologie pure qu'est le point de vue idéaliste. De ce point de vue, l'homme demeure enfermé dans son moi sans évasion possible, force lui est de créer constamment le monde pour le percevoir et pour l'étreindre ; il ne peut animer sa solitude que de l'exubérance de ses rêves. Tandis que je discute ici la thèse de l'idéalisme, le nom et le personnage de Berkeley, évêque du diocèse de Cloyne, à qui je prête une histoire, un voyage en Amérique en vue d'y créer une Salente évangélique, des relations d'amitié avec Swift, une visite hypothétique à Malebranche, ce nom et ce personnage de Berkeley ne sont pour moi qu'un moyen d'animer le jeu philosophique auquel je me livre, de fixer à ma pensée, par une représentation concrète et par un épisode, un point de repère où elle se reconnaisse. De même, j'imagine, pour me stimuler, d'autres êtres assez semblables à moi, avec quelques différences pourtant dans les façons de concevoir, j'imagine d'autres êtres, en nombre restreint d'ailleurs, pour ennoblir, par la rareté, mon souci, d'autres êtres qui liront les pages où j'expose ces idées systématiques et qui hocheront la tête, souriront, approuveront, s'indigneront. Mais je n'ai aucune raison raisonnable de penser que rien de tout cela puisse exister hors de ma pensée. L'idéalisme aboutit logiquement à un subjectivisme absolu. Il n'y a pas à échapper à cette conclusion ou il faut nier qu'il soit impossible de connaître quelque chose au delà de la pensée.

Si, d'ailleurs, cette conception d'un monisme radical heurte si fortement nos manières communes d'envisager la vie, nous savons pourtant que les songes nous offrent une représentation exacte de la façon dont les choses se passent, si cette métaphysique du rêve universel s'applique effectivement à la réalité. Nous imaginons, dans les songes, non seulement des objets inanimés et qui affectent nos sens comme à l'état de veille, mais aussi d'autres esprits pour lesquels ces objets existent et possèdent la même réalité indiscutable et précise qu'ils possèdent pour nous. C'est pourtant notre esprit qui soutient toutes ces existences hors de lui, qui soutient l'existence d'autres esprits, dans lesquels il situe des notions et des manières de sentir analogues à celles qu'il engendre lui-même et dont il est lui-même le théâtre. Il n'est pas jusqu'à la conscience d'une distinction entre le rêve et la vie réelle dont la préoccupation ne puisse se produire dans les songes. Témoin ce dormeur qui, à la suite d'un long cauchemar, voyait venir à lui le plus cher de ses amis et, à celui-ci, assis au chevet de son lit, racontait tout le détail de son rêve avec l'entière conscience de rapporter les circonstances d'un rêve. Mais ce compagnon attentif qui semblait l'écouter, à qui il se confiait avec un réel soulagement, n'était autre chose lui-même qu'une création de son esprit, il était composé de cette même substance de son rêve de laquelle il avait tiré l'événement imaginaire dont il faisait le récit.

A qui objecterait, à l'occasion du rêve, et pour le différencier du rêve métaphysique, le fait de l'enregistrement antérieur par les organes cérébraux de sensations causées tout d'abord par la présence d'objets réels, il faudrait répondre que les organes cérébraux font partie eux-mêmes de ces objets extérieurs à l'esprit dont l'existence est niée par l'hypothèse. Il reste que le rêve nous fournit un exemple absolu d'une réalité qui se montre strictement dépendante de l'esprit, qui n'a, hors de l'esprit, aucun semblant d'existence, et qui est pourtant entièrement pareille à cette réalité à laquelle nous attribuons la solidité et la résistance, l'étendue, l'impénétrabilité et toutes les qualités à l'occasion desquelles nous avons coutume d'imaginer qu'une chose a une existence indépendante de l'esprit. Il reste donc enfin, que les sensations qui sont dans un esprit m'offrent, pour construire le monde, des matériaux aussi solides que ceux dont je chercherais en vain à établir la réalité hors de l'esprit, qu'ils présentent des caractères aussi inviolables, et qu'ils sont par conséquent susceptibles des mêmes liaisons entre eux que celles que je prétendrais observer entre les diverses propriétés de la matière en soi.

Ainsi, sans sortir de mon moi, je possède tous les éléments d'une explication propre à rendre compte de l'existence de l'univers phénoménal. Cette existence trouve en ma pensée un fondement d'une solidité à toute épreuve. Telle est la conséquence logique de la conception de l'idéalisme. Elle implique un subjectivisme absolu et ne laisse aucune place à l'objection qui s'appuie sur l'existence indépendante des objets, sur le caractère de nécessité selon lequel ils s'imposent à mon esprit et à d'autres esprits. Ce caractère de nécessité n'est plus lui-même qu'un effet de ma volonté, le caractère de constance dont ces objets témoignent est une condition *sine quâ non* de la cohérence du rêve complexe et vaste que je compose. L'intérêt que je prends à composer ce rêve suffit à expliquer que j'observe les conditions qui le rendent possible.

II

Il semble cependant que l'idéalisme subjectif puisse être dépassé, qu'il puisse recevoir, du moins, une interprétation plus ample. Celle-ci ne serait à vrai dire qu'une autre de ses faces, et aucune raison logique ne s'oppose à ce que cette face nouvelle soit envisagée. D'ailleurs, la vision agrandie du monde qu'elle suscitera pourra toujours être réduite aux lois et aux proportions du microcosme où l'idéalisme subjectif fait battre le pouls de l'existence.

Que j'imagine toutes les formes du monde comme des dépendances de ma pensée, comme des formes de mon rêve, ou que je reconnaisse sous la variété de toutes ces formes un être unique, la pensée, et que je considère jusqu'à mon propre moi individuel avec son apparence corporelle, avec ses appétits et ses passions comme l'une d'entre ces formes, comme un moyen, au même titre que toutes les autres apparences, de la représentation que la pensée se donne d'elle-même à elle-même, je ne m'évaderai en aucune façon de la conception moniste de l'univers, je ne me départirai point de ce monisme de la pensée auquel la possibilité de la connaissance nous a contraints de conclure. Dans l'un comme dans l'autre cas, c'est toujours mon moi qui entre en rapport avec lui-même selon des lois de représentation qui demeurent identiques. Si la logique m'interdit d'imaginer qu'il existe quelque réalité extérieure à ma pensée, elle ne fixe point à cette pensée de limites étroites, elle ne m'oblige point à l'enfermer dans la prison du moi individuel, et rien ne s'oppose à ce que ma pensée ne se trouve chez elle dans tous les objets où, en somme, elle se représente à sa propre vue et qu'il lui faut animer tout d'abord de sa présence pour en faire des objets de perception, ainsi que, dans tous les autres moi individuels, dans ces millions d'êtres analogues à moi-même qui m'entourent et m'hallucinent dans l'espace et dans le temps, avec lesquels je noue des relations actuelles ou historiques.

Sous la perspective de ce second point de vue, la forme individuelle, avec l'idée d'un moi distinct qui la caractérise, est proprement le masque sous lequel l'être se déguise à sa propre vue pour se donner soi-même à soi-même en spectacle. La forme individuelle est comme le temps, comme l'espace, un moyen de connaissance, un moyen de représentation pour la pensée.

Pour doter de plus de consistance et de rigueur cette modalité nouvelle de l'idéalisme, pour lui donner le pas sur la modalité subjective que l'on a exposée précédemment, peut-être suffirait-il de pousser encore plus avant, d'appliquer plus strictement encore qu'on n'a fait jusqu'ici, la méthode même dont Berkeley a fait usage, la méthode même de l'idéalisme. Elle nous défend de voir et de toucher, sous les sensations qui s'élèvent dans l'esprit, une réalité indépendante de l'esprit, elle nous défend de prendre le change sur les réalités matérielles que nous serions tentés de subsumer sous les apparences des objets, elle nous montre en ces réalités supposées, qualités de la matière, idée même de la matière, des abstractions réalisées. Ne va-t-elle pas nous faire voir aussi dans notre moi individuel, dans les divers moi individuels, dont nous peuplons l'univers, des créations analogues, parmi la catégorie des sujets, à celles de ces objets particuliers qui ne se forment que de la rencontre de plusieurs sensations, se soutenant et se modelant les unes les autres? Sous cette apparence du moi individuel, ne va-t-elle pas nous défendre de supposer des réalités psychologiques distinctes? Le moi individuel ne va-t-il pas être la réplique de l'objet particulier et concret? Sous l'une comme sous l'autre de ces deux apparences, une seule réalité n'est-elle pas présente, celle de la pensée, toujours identique à elle-même, sous une infinité de masques, dans tous les objets comme dans tous les sujets de l'univers?

Au regard d'un tel système, pas plus qu'au regard de l'idéalisme subjectif, il n'y a place pour l'indépendance de la réalité objective à l'égard des sujets individuels. On a montré comment, dans le premier cas, un seul sujet individuel existe, imaginant, dans le rêve où son activité se déploie, la pluralité de tous les objets et de tous les sujets, et les relations constantes qu'il établit entre eux, afin que son rêve soit cohérent et susceptible de durée. Toute la réalité du rêve cosmique émane donc de la seule volonté créatrice de ce sujet individuel, qui a seul le pouvoir d'en lier entre elles les différentes parties selon les rapports qu'il lui plaît. Dans le second cas, aucun sujet individuel, pas plus qu'aucun objet ne possède aucune réalité véritable, mais tous les objets comme tous les sujets sont des moyens de représentation pour la pensée, la pensée étant la seule activité répandue dans l'univers : les rapports fixes qui existent entre les sujets et les objets témoignent, non pas de l'indépendance de l'objet à l'égard du sujet, mais de la dépendance de l'un et de l'autre à l'égard de la pensée. La nécessité qui fait apparaître les objets au regard des sujets sans modification possible de l'objet par le sujet a sa raison d'être dans le jeu des mouvements et des rythmes de la pensée.

Cette nouvelle interprétation de l'idéalisme, en faveur de laquelle il semble qu'il existe une présomption logique, a été exposée, il y a quelque trois mille ans, avec magnificence et minutie, par les philosophes de l'Inde. Si, en effet, les systèmes bouddhistes ne sont pas antérieurs à l'an 600 avant notre ère, ils ne sont eux-mêmes, en leur essence métaphysique, qu'une réédition des anciens systèmes brahmaniques antérieurs de plusieurs siècles.

Bien que l'on ait beaucoup discuté pour distinguer ces systèmes en athéistes ou théistes, ils relèvent tous du principe panthéiste. L'absorption en Brahma exposée dans les doctrines les plus anciennes ne diffère, par aucune distinction susceptible d'être formulée, du nirvana boudhique, le principe matériel du Sankhya se confond avec le principe spirituel du Vedanta dans un commun idéalisme et dans la conception générale d'illusionisme dont le thème de la Maïa est l'illustration conséquente. Ce qui domine, en effet, la métaphysique hindoue, c'est une théorie de la sensation, formulée en guise de psychologie de l'être universel et qui ne laisse place, dans la suite tout entière de l'évolution phénoménale, qu'aux gestes d'une activité unique prenant ou perdant tour à tour conscience d'elle-même.

C'est cette antique philosophie qui a posé, semble-t-il, les termes du problème métaphysique de la façon la plus propre à permettre de le résoudre. On va, en s'inspirant de ses leçons, mais en renonçant désormais à tout rappel des antécédents historiques, s'efforcer de systématiser la conception qu'elle nous a léguée ; on va, sur ces fondations de l'idéalisme hindou, s'efforcer de construire, d'un seul tenant, la demeure métaphysique de l'existence selon des formes purement logiques, dont l'harmonie nous garantira seule — et nous garantira seulement — qu'une telle construction est possible.

CHAPITRE VI

LE RATIONALISME DE L'ILLUSION

I. Essai de construction systématique de l'existence sur le plan de l'idéalisme : *percipere est percipi, percipi est percipere.* — II. Le temps et l'espace ont-ils le caractère *a priori* que Kant leur atttribuait ? Comportent-ils une genèse empirique. — III. Comment, si l'on adopte la seconde solution, la somme de rationalisme impliquée dans l'univers s'en voit diminuée. — IV. Comment l'idéalisme et la conception d'illusionisme qui en découle s'accommodent également de l'une et de l'autre solution.

I

Il n'existe, selon Berkeley, que deux modes d'existence, percevoir ou être perçu, *percipere aut percipi.* Une telle proposition, d'un rigoureux idéalisme, ne montre toute sa force que si l'on fait voir, sous ces deux modes de l'existence, l'unique principe actif, qui fait tous les frais de cette double opération. On en vient alors à formuler cette étroite corrélation qui rend seule entièrement possible le fait de la connaissance : *percipere est percipi, per-*

cipi est percipere, percevoir c'est être perçu, être perçu c'est percevoir. La même activité qui est perçue, c'est celle aussi qui perçoit, et si rien n'existe en dehors d'elle, elle ne peut percevoir que ses propres modifications. Elle ne se perçoit donc que dans le mouvement, le repos absolu impliquant un état de confusion de l'objet et du sujet, ne laissant place à aucun acte de connaissance chez un être qui absorbe à lui seul la totalité de l'existence. Le mouvement est ainsi la condition primordiale de toute connaissance : il se confond avec le fait intellectuel selon lequel la pensée se divise en objet et en sujet. Il est l'être même de la pensée, son mode d'action essentiel, et il est aussi l'**essence** même de l'être, existant de la seule existence qui lui soit attribuable, comme fait de connaissance, comme pensée. C'est de cette définition du mouvement, en tant que fait intellectuel, que sortiront par la suite les notions de temps, d'espace et de cause, qui ne sont, avec l'idée même de la matière, que des catégories diverses du mouvement de la pensée s'exprimant dans le mouvement de division de l'objet et du sujet.

Ainsi le monde se donne comme un fait de mouvement et, afin de marquer le caractère de la conception du monde que l'idéalisme nous impose, il semble utile de signaler déjà qu'entre les notions de mouvement et de repos, celle du mouvement est seule positive. Au contraire, l'idée de repos, de repos absolu, est, comme l'idée même du néant, par opposition au fait nécessaire du mouvement, une de ces conceptions négatives et purement abstraites dont le nom seul peut être imaginé, qui ne se forment que par l'idée de ce qui reste dans une chose après qu'on en a retiré tout ce qui la constitue, qui ne sont donc que de purs artifices de langage, des moyens de représentation de nos idées positives, moyens par lesquels nous les faisons apparaître sur un fond différent d'elles-mêmes, procédé de peintre, comme celui qui consiste à faire éclater les lumières dans un tableau sur le contraste des ombres les plus denses.

Ici se pose, si l'on continue de chercher par quel système de moyens la pensée réussit à se représenter à sa propre vue, un premier point d'interrogation qui donne lieu, semble-t-il, à deux solutions différentes ; or, on envisagera tour à tour chacune de ces solutions et on fera voir que la conception générale de l'idéalisme s'accommode également de l'une ou de l'autre.

Il est permis de se demander si, comme le pensait Kant, le temps et l'espace sont les conditions nécessaires de toute représentation de la pensée à sa propre vue, si, au contraire, il serait possible, s'il est possible à la pensée de se créer d'autres modes de représentation d'elle-même.

Dans un premier ouvrage, *de Kant à Nietzsche*, la première solution avait été adoptée. Il avait semblé qu'aucun acte de connaissance ne fût possible en dehors des perspectives de l'objet et du sujet et que, d'autre part, l'opposition d'objet à sujet, qui est celle du *percipi* au *percipere*, exigeât et déclanchât, en quelque sorte, avec nécessité, les perspectives nouvelles de l'espace et du temps. On pensait avec Kant qu'une science des formes de la connaissance pût être rigoureusement constituée, c'est-à-dire qu'aucune connaissance ne fût possible en dehors de certaines formes strictement déterminées. Ce dogmatisme des formes de la connaissance était d'autant plus séduisant qu'il commandait une conception d'illusionisme spectaculaire à laquelle on montrera par la suite qu'aboutit une représentation du monde délivrée de toute présomption dualiste.

On s'était donc attaché à montrer comment les lois du temps, de l'espace, de la causalité sont propres à faire apparaître des objets dans un cadre, à susciter des événements sur les tréteaux d'un théâtre, à faire surgir en un mot devant un spectateur un spectacle, à quel point elles sont impropres à la tâche que l'illusion humaine leur assigne, soit, à conduire l'esprit humain hors du devenir et de l'évolution vers un but fixe, vers une vérité en repos. On avait montré à quel point ces appareils de connaissance sont honnêtes et véridiques, semblables à ces prestidigitateurs très adroits qui expliquent au public la façon dont ils vont exécuter le tour et qui parviennent pourtant à l'illusionner ensuite par l'habileté et l'extrême célérité de leur jeu. L'espace et le temps ne cachent point la propriété qu'ils possèdent de n'admettre point de limites et d'échapper à toute entreprise d'un esprit qui voudrait les étreindre comme un tout défini; la cause ne dissimule point qu'elle exclut, par la façon même dont elle est concevable, toute possibilité d'atteindre jamais un point de départ, l'idée qu'elle implique, et qui forme tout son contenu, emportant la nécessité pour tout phénomène d'être causé par un phénomène antécédent.

Ainsi avait-on fait voir en ces appareils, non des entités, non plus des moyens de s'emparer de la vérité, mais des moyens purs et simples de connaissance, c'est-à-dire des artifices propres en même temps à composer le spectable et à le faire voir. Dans le chapître consacré à *l'Instinct de connaissance*, ces moyens avaient été comparés aux jeux d'optique, aux combinaisons de perspective

7*

qui, dans un panorama, sont employés pour produire l'illusion de la distance et du relief et pour simuler la vie. Cette conception, la clef de tout ce livre aussi bien que des œuvres suivantes, selon laquelle l'existence est, en sa réalité essentielle, un spectacle à regarder et non un problème à résoudre, cette conception avait encore été développée en deux autres chapitres sur *la Vérité* et *la Liberté* présentées comme les idoles du nouveau ciel logique, et, au cours de ces divers développements, on avait constamment montré les lois formelles de la connaissance, — tandis que leur inflexibilité engendrait la croyance en une vérité objective, — ayant pour destination précise de façonner et de disposer le contenu de la connaissance de telle façon que toutes les recherches à son sujet, excitant le désir d'une conclusion, n'en pussent comporter jamais.

Une telle conception a pour elle qu'elle institue, en quelque sorte, à l'encontre des anciens dogmatismes, un dogmatisme de l'incertitude. Elle donne ainsi satisfaction à un besoin logique : en rationalisant les formes de la connaissance, en faisant de l'irrationalisme de tout le reste, c'est-à-dire de tout le contenu phénoménal, une conséquence commandée par ce premier rationalisme formel, elle donne encore au concept de l'univers un aspect saisissable. Si elle supprime l'idée d'une finalité métaphysique, d'un but à atteindre qui, selon les conceptions anciennes, donnait un sens à l'évolution des phénomènes, c'est pour assigner à cette évolution une signification nouvelle, celle d'être le moyen d'un spectacle. Ainsi, si elle exile de la conception de l'existence toute interprétation éthique, c'est pour mettre à la place une interprétation esthétique.

Ce dogmatisme des formes de la connaissance se recommande de *la Critique de la raison pure*, principalement des théories *de l'Esthétique transcendantale*. On l'avait accepté intégralement en *de Kant à Nietzsche* parce qu'il offrait un cadre excellent à la thèse d'idéalisme illusioniste que déjà l'on visait expressément, et aussi, parce qu'il permettait de combattre le moralisme kantien avec des armes fourbies dans l'arsenal même du kantisme. Toutefois, l'apriorisme de l'espace et du temps, depuis Kant, et au cours surtout de ces dernières années, a été contesté par de solides esprits philosophiques ; aussi, en l'absence de tout parti pris sur la question et à défaut d'une opinion fondée sur des raisons suffisantes dans un sens ou dans l'autre, a-t-on cru devoir laisser par la suite quelque jour à la possibilité de la construction empirique de ces notions. Dans le *Bovarysme,* dans la *Fiction universelle*, principalement au cours de l'étude sur la *Nature des vérités*, on ne se refusait pas à supposer qu'elles pussent être, selon l'interprétation des nouveaux psychologues, des inventions de l'art humain, ou, — sous le jour de perspectives plus larges, — de l'art mental.

Un tel changement de point de vue étant admis comme possible, il nous faut donc considérer les conséquences qu'il entraînerait en ce qui touche la conception d'idéalisme, qui nous a seule paru propre à supporter quelque construction de l'existence dont les parties fussent exemptes de contradiction entre elles. Or, on ne voit pas que cette suspicion d'empirisme à l'égard des notions d'espace, de temps, voire de cause, compromette en aucune façon la cause de l'idéalisme. L'idéalisme, en effet, nous est apparu comme une conséquence de quelques propositions logiques auxquelles nous nous sommes fixés à la suite des analyses précédentes : nécessité, pour expliquer le fait de la connaissance de n'admettre dans l'univers qu'un seul principe, qu'une seule nature des choses, tout dualisme faisant de la connaissance un mystère, excluant toute certitude quant à la correspondance de la connaissance à son contenu, nécessité pour ce principe unique d'être divisé avec lui-même, afin d'être à la fois l'objet et le sujet de la connaissance, nécessité donc pour ce principe d'être une chose en mouvement, puisque le fait de division dont on vient de déduire la nécessité implique le mouvement, puisque, d'ailleurs, une chose unique, en tant qu'elle est pour elle-même le seul objet de connaissance possible, ne peut prendre connaissance que de ses propres modifications. Parmi ces perspectives logiques, commandées par la nécessité de la conception moniste, le fait d'expérience sur lequel il nous fallait bien nous appuyer ne nous mettait en relation qu'avec un acte de l'esprit, avec un fait de psychologie, un fait de pensée. Il nous contraignait ainsi à assigner au principe unique qui agit dans l'univers une nature intellectuelle, à attribuer à la conception moniste un caractère purement idéaliste.

Une telle construction n'a recours qu'à une seule proposition tenue pour certaine et pour *a priori*, à savoir qu'il n'est de connaissance possible que d'un objet pour un sujet. Cette nécessité de la relation d'objet à sujet, formulée par Schopenhauër, serait donc la seule condition de toute connaissance, la seule loi formelle hors de laquelle il ne serait possible de concevoir aucun état de connaissance. Or, si cette seule proposition suffit à nécessiter l'idéalisme, il reste donc que l'idéalisme n'a aucune objection à élever contre une

genèse empirique des notions d'espace, de temps
ou de cause. Cette genèse empirique n'aurait
d'autre effet que de diminuer la part de nécessité
rationnelle, inhérente au fait de l'existence, de
faire la part plus large à l'irrationnel ; elle ne
compromettrait aucunement la cause de l'idéalisme.

II

Il est utile de préciser la signification de ces termes *empirisme* et *rationalisme* du point de vue de l'idéalisme. En même temps que l'explication qui vient d'être donnée en prendra plus de clarté, la conception générale de l'existence que l'on s'efforce de décrire en recevra un développement plus complet.

Rationalisme est pris ici dans le sens où Kant entendait la raison pure. C'est l'ensemble des propositions où se résument des lois irréductibles, en dehors desquelles aucune expérience n'est saisissable ni ne peut être conçue. L'empirisme désigne cette matière de la connaissance que nous fournissent les données de la sensation et que nous ne pourrions atteindre par voie de déduction. Il n'y a donc rien de changé aux définitions communes, et ce sont bien, comme dans les systèmes non idéalistes, les propriétés objectives des choses qui nous sont livrées dans la connaissance empirique ; mais il faut se souvenir, qu'en termes d'idéalisme, les propriétés objectives ne tirent point leur existence d'une réalité extérieure à l'esprit, qu'aucun *en-soi* indépendant de la pensée ne se cache sous leurs modes. Si donc, demandera-t-on, les objets empiriques et leurs propriétés définies ont, avec les lois rationnelles, une commune origine en un acte de la pensée, quelle différence y a-t-il, sous le jour de l'idéalisme, entre la connaissance rationnelle et la connaissance empirique, en quoi cette différence consiste-t-elle? En ceci : les lois rationnelles conditionnent l'existence de la réalité où on les voit évoluer ; elles ont un caractère de nécessité qui limite et définit la pensée même ; elles sont les conditions mêmes de l'être en tant que l'être est inséparable de la connaissance. Les objets empiriques, au contraire, laissent place, si l'on remonte à leur genèse, par analyse des divers éléments qui les composent, à un acte de la pensée indéterminé en son principe, qui eût pu être différent de ce qu'il fut, sans briser le cadre de la connaissance possible. La pensée en les concevant fait acte d'imagination et d'improvisation. Elle introduit dans le spectacle qu'elle compose pour elle-même la part d'imprévu qui rend le spectacle attrayant. Cet acte d'improvisation, qui enfante les personnages et les circonstances du roman cosmique, intervient et se manifeste á l'occasion des modes infiniment variés selon lesquels la pensée peut se différencier en se divisant en objet et en sujet à sa propre vue. Ce fait de division est l'opération essentielle de la pensée, celle où elle se formule, et accomplit son unique fonction ; mais cette fonction, elle peut l'accomplir selon une infinité de modes différents, et, selon la façon dont elle se fragmente, elle engendre autant d'aspects différents du spectacle, autant de propriétés différentes des choses, autant d'instincts, de désirs différents chez les êtres. Ainsi aucun mode d'existence ne peut être conçu qui ne comporte la distinction en objet et sujet. On peut concevoir, au contraire, un mode d'existence duquel seraient exclues les sensations de la vue ou de l'ouïe, ou du goût, ou, inversesement, un autre mode comportant des sensations ignorées de notre univers où les objets trouveraient prétexte à des propriétés et des formes nouvelles.

Est-ce à dire que, sitôt accomplie cette première démarche où la pensée se divise en objet et en sujet, sans choix possible en faveur d'un autre geste, cette première démarche qui emporte avec elle l'existence de la pensée et détermine sa loi, est-ce à dire que tout rationalisme soit exclu désormais des démarches subséquentes de la pensée ? Non pas, et si la pensée cesse d'être soumise à une nécessité qui conditionne son existence, les actes d'improvisation qu'elle accomplit par la suite n'en comportent pas moins un déterminisme très étroit et qui forme un rationalisme de l'empirisme. Seulement ce rationalisme qu'il faut respecter dans toute la suite de ses conséquences comporte à son origine un acte arbitraire de la pensée, un acte qui eût pu, sans mettre en péril l'existence de la pensée, être autre qu'il ne fut, qui, avec cette identité différente, eût entraîné une chaîne de conséquences différentes, mais également rigoureuses. Cette rigueur serait la même, et c'est sur quoi se fonde la possibilité des sciences empiriques, soit que l'on considère, avec Kant, le système de causalité que nous connaissons comme une dépendance de la raison pure, soit qu'il soit apprécié comme une création arbitraire de la pensée, mais comme une création fondamentale, antérieure à toute une série d'autres créations arbitraires dont il conditionne la production. La pensée, lorsqu'elle n'est pas contrainte par les conditions de son existence, se limite donc encore par ses propres déterminations ;

elle ne peut se développer et improviser que dans le cadre des lois conventionnelles qu'elle a elle-même déterminées. Ces lois ont été de sa part l'objet d'une première improvisation ; elles conditionnent maintenant toutes les constructions qui sont faites sur leurs bases. Il est nécessaire de les respecter pour que ces constructions nouvelles puissent continuer de s'élever, pour qu'elles ne s'écroulent pas, les fondations sur lesquelles elles reposent venant à se dérober sous elles. Il est nécessaire de les respecter pour que le rêve métaphysique de l'existence soit cohérent, pour qu'il soit un *même rêve*. On conçoit donc que plus le rêve phénoménal est complexe, plus il a duré, plus il implique d'éléments antécédents, plus la faculté d'improviser arbitrairement s'y trouve réduite à s'exercer dans un champ plus restreint, condamnée qu'elle est à tenir compte d'un plus grand nombre de décisions arbitraires, prises antérieurement par elle-même, de conventions, de lois, de règles du jeu qu'elle joue, d'un plus grand nombre de circonstances et de personnages introduits par elle-même dans le scenario qu'elle compose. Toutes ces lois secondaires, si on les compare à la loi de division en objet et en sujet, n'ont pas l'inflexibilité radicale de celle-ci, et la pensée, en les rejetant, ne s'anéantirait pas, mais elle abolirait tout le décor où elle déroule son rêve actuel. Il lui faudrait recommencer sur de nouvelles données un rêve nouveau et qui pourrait n'avoir plus aucun point commun avec celui que nous poursuivons.

Toute la discussion que l'on peut soulever à l'occasion des conceptions de Kant touchant le rationalisme *a priori* du temps, de l'espace, de la cause, se réduit donc à décider à quel point commence l'action arbitraire et improvisatrice de la pensée, à quel moment la pensée cesse d'être déterminée par les conditions de son existence, à quel moment elle commence d'avoir le choix entre plusieurs partis. Étant donnée, comme condition *sine qua non* d'existence de la pensée, la division en objet et en sujet, les idées de temps, d'espace, de cause viennent-elles sur le même plan de nécessité que cette première condition? La connaissance serait-elle possible ou non en dehors des perspectives du temps, de l'espace et de la cause? La pensée eût-elle pu s'inventer d'autres moyens de connaissance? Au contraire, ces perspectives et ces moyens sont-ils déterminés avec nécessité par la nécessité première de la division en objet et en sujet, et est-ce seulement dans le cadre de ce déterminisme supérieur et inflexible que la pensée peut commencer d'imaginer librement?

Certes, la question intéresse l'esprit, c'est toutefois du point de vue d'une curiosité prématurée, du point de vue d'une avidité spectaculaire qui s'inquiète d'assouvissements nouveaux bien avant d'avoir épuisé les ressources du spectacle présent. Il semble que, dans le double cadre de nécessité où elle évolue, nécessité d'existence, nécessité de connaissance, la pensée ait encore une tâche abondante à remplir et que son activité s'y puisse déployer, avec une frénésie suffisamment intense, d'une double manière, soit qu'elle s'applique à récapituler, sous le jour scientifique, les rythmes de ses démarches passées, soit qu'elle inscrive, dans le prolongement de ses modes anciens, la broderie d'une improvisation nouvelle. Or, pour mener à bien cette entreprise, pour pousser à bout son rêve actuel, il lui faut tenir pour aussi inflexibles que si elles étaient *a priori* ces lois de la cause, du temps, de l'espace qui, quelle que soit leur origine, n'en supportent pas moins toutes nos notions des choses, n'en conditionnent pas moins toutes nos sensations, toutes nos perceptions et jusqu'à cette conception de la matière sur laquelle nous avons élevé l'édifice de notre science. A renoncer à ces notions qui, dans l'hypothèse même où elles seraient une convention arbitraire de la pensée, n'en sont pas moins primordiales, nous détruirions de fond en comble tout notre système actuel de connaissance.

III

On vient de dire, rappelant les positions prises en des ouvrages antérieurs, que les lois du temps, de l'espace, de la cause, considérées au point de vue kantien comme des conditions fondamentales de toute connaissance, nous révélaient, par leur dispositif même, l'irréalité des aspirations qu'elles soulèvent en nous, leur caractère de perspectives en vue d'une représentation panoramique, sans objet hors de l'esprit qui l'imagine et la suscite. On a notifié que la théorie d'illusionisme proposée en *de Kant à Nietzsche* se fondait sur ce caractère purement représentatif de ces formes de la connaissance. Faut-il donc penser que cette théorie d'illusionisme serait compromise s'il était démontré que les lois du temps, de l'espace et de la cause n'ont point le caractère de nécessité qu'on leur prêtait, s'il était avéré qu'elles ne sont que des moyens, parmi d'autres, inventés par la pensée pour se représenter elle-même à sa propre vue? Faut-il donc penser que d'autres moyens, au lieu de ceux-ci, auraient la propriété de transporter la pensée hors de l'état instable, hors de l'état de désir toujours inassouvi où elle prend conscience d'elle-même dans la vie phénoménale, vers un état de satisfaction et d'assouvissement absolus, vers un but immobile et définitif que toute la tension du monde phénoménal s'efforcerait d'atteindre?

Non. L'attribution d'une origine empirique à l'espace et au temps, pas plus qu'elle ne met en péril la conception de l'idéalisme, ne constitue une menace à l'égard de cette théorie d'illusionisme que l'on donne comme la conséquence de l'idéalisme et comme seule propre à justifier le fait de l'existence. Il suffit que la division en objet et sujet soit une condition *a priori* de toute connaissance possible, il suffit qu'un unique principe, absorbant la totalité de l'existence, puisse seul trouver place dans l'univers à l'exclusion de toute autre entité, pour que l'on soit contraint d'accorder que tous les moyens de représentation inventés par ce principe unique eussent présenté le même caractère, eussent assumé la même fonction que le temps, l'espace et la cause. Il faut admettre, en effet, que, dans cette hypothèse moniste, hors de laquelle on a commencé par établir qu'il n'était pas de construction possible du fait de l'existence, toutes les forces de la substance unique sont constamment en jeu, les unes à l'état de sujet, les autres à l'état d'objet. Les seuls changements possibles, les seuls événements qui puissent survenir sont des modifications dans la disposition des divers objets à l'égard des divers sujets, des échanges et des interversions de fonctions entre objets et sujets, échanges qu'une identité de nature rend constamment possibles. Mais de tels changements, qui renouvellent à tout moment le décor et l'aspect du spectacle, n'en modifient pas le caractère ni l'essence : un tout, en dehors de quoi rien n'existe et qui est animé d'un mouvement où toutes ses parties sont engagées, ne peut être considéré comme s'acheminant vers un destin nouveau, vers une fin différente, quant à sa nature, de celle qu'il réalise à tout instant immédiat. Tout ce qu'il est possible de concevoir, c'est que les parties en lesquelles il se fragmente, selon l'acte de divison en objet et en sujet où se trahit le rythme de son être, présentent une disposition plus ou moins cohérente, c'est que le groupe des objets compose, au regard du sujet, un spectacle plus au moins vaste et coordonné, offre à sa contemplation des séries de phénomènes unies entre elles par des liens logiques plus ou moins étroits. Il est, par contre, impossible de concevoir que ces systèmes d'objets, si harmonieux et si parfaits qu'on les suppose, réussissent jamais à réaliser entre tous les éléments de l'ensemble cosmique un état de perfection et d'immobilité final, puisqu'il manquerait toujours à ce concert objectif pour qu'il formât une symphonie parfaite entre toutes les parties de l'ensemble, le concours de toute cette partie du tout posée en sujet devant tout le reste et appliquée précisément à en saisir, à en contempler, à en percevoir le spectacle. Si l'on suppose cette part subjective de l'ensemble renonçant à son rôle spectaculaire et s'objectivant à son tour, afin de réaliser cette systématisation complète entre toutes les parties d'un tout que son attitude différente rendait impossible, voici aussitôt supprimées, avec la distinction en objet et en sujet, les conditions de toute connaissance possible. Si, comme l'idéalisme le tient pour démontré, il n'est point d'existence en dehors d'une existence connaissable, voici supprimées les conditions de toute existence.

L'effort selon lequel le sujet se dépouille continuellement lui-même afin de s'enrichir d'un nouveau spectable, est donc soumis à la néccessité contradictoire de n'aboutir jamais, à la fatalité de réserver toujours ou de reconstituer une part de même, si petite soit-elle, où le spectacle objectif, si vaste soit-il, trouve à s'animer, à prendre vie dans son reflet. La seule signification qui puisse être attribuée à cet effort passionné du sujet, avide de s'abolir entièrement, afin d'accroître le champ du spectacle, mais se heurtant à la nécessité de persister dans l'être, afin de soutenir l'existence du spectacle, est donc celle-ci : cet effort, dont le triomphe absolu irait à ruiner le but qu'il poursuit, cet effort, en intervertissant incessamment la relation de l'objet et du sujet, est la source même du mouvement qui anime l'ensemble cosmique, qui en fait un spectacle panoramique et changeant, un phénomène illusoire, quant à la finalité qui lui est assignée par l'esprit, et dont l'évolution dévie nécessairement, par la vertu de son mécanisme essentiel, de la voie qui l'acheminerait vers un état final.

Il faut donc conclure que si les lois du temps, de l'espace, de la cause pouvaient être remplacées par d'autres perspectives, par d'autres moyens de connaissance, ces nouveaux moyens auraient ceci de commun avec les précédents, que la connaissance qu'ils procureraient, dans l'ordre scientifique aussi bien que dans l'ordre moral, ne comporterait jamais un achèvement parce que, en raison même de la nature et du mécanisme du fait de connaissance, quelques-uns des éléments du problème à résoudre seraient toujours, et de toute nécessité, soustraits à la vue du sujet connaissant, employés qu'ils seraient à constituer la substance même de ce sujet, toute tentative du sujet pour les convertir en objet nécessitant la constitution d'un nouveau sujet pour que l'acte de connaissance demeurât possible, et ainsi indéfiniment.

CHAPITRE VII

LA FIN ESTHÉTIQUE ET LE SENS SPECTACULAIRE

I. Conséquence majeure de l'idéalisme : substitution de l'esthétique à l'éthique comme principe justificatif de l'existence. — II. Comparaison du point de vue esthétique et du point de vue moral, quant à leur valeur comme principe justificatif de l'existence. Examen de cette valeur justificative sur le plan logique. — III. Examen de cette valeur justificative sur le plan de la sensibilité. — IV. Nature de la sensibilité esthétique. Son moyen de réalisation métaphysique : l'illusion volontaire. Le symbole du Léthé.

I

La fatalité du mécanisme que l'on vient de décrire entraîne avec elle certaines conséquences. Il en résulte avec évidence qu'il est entièrement vain de rechercher le sens de la vie, ainsi que l'ont recherché, ainsi que le recherchent encore toutes les philosophies à tendances morales, en un effort du relatif vers l'absolu, en un processus d'une série imparfaite de faits éthiques vers un état impliquant perfection, en une évolution de l'instable vers l'immuable, de l'inachevé vers le définitif, aussi bien que d'un état de connaissance fragmentaire vers un état de connaissance accomplie, parvenant à divulguer le premier et le dernier mot des choses. Si toutefois le caractère illusoire d'un tel point de vue se manifeste clairement à la suite des développements que l'on vient de faire, son caractère d'utilité ne se divulgue pas avec une moindre évidence. Cette illusion de finalité éthique, qui interprète le mouvement dont l'univers est animé comme un effort vers le mieux, favorise en effet, on vient de le montrer, la production de ce mouvement nécessaire selon lequel l'existence, par l'inversion incessante du sujet en objet, se procure le spectacle d'elle-même où elle se satisfait. L'illusion éthique se montre ainsi un moyen pour la fin esthétique. Il ne saurait donc être question, et il serait naïvement prétentieux de déconseiller à l'humanité cette passion illusoire qui la porte à chercher une solution que la nature des choses rend strictement impossible : une humanité qui aurait soulevé les plis de ce mystérieux voile d'Isis et saurait, de science certaine, que le problème est insoluble parce qu'il n'y a pas de problème, serait comme un rouage brisé dans une machine et qui doit être aussitôt remplacé par un autre; elle ferait place à une humanité plus jeune et plus crédule.

Ces réserves faites quant à la portée et quant aux intentions de l'entreprise métaphysique que l'on ébauche ici, il reste que l'utilité même qui a été reconnue à l'illusion éthique comme moyen de la fin esthétique, en assignant un emploi subalterne à toute aspiration éthique, achève de ruiner les interprétations de l'existence fondées sur un principe de cette nature. Il reste, enfin, que le fait de l'existence ne trouve sa justification qu'en un appétit de contemplation spectaculaire, qui rend compte intégralement du double geste de la pensée où le spectacle est inventé et perçu parmi les perspectives changeantes de l'objet et du sujet.

Ce besoin de représentation spectaculaire, substitué à une évolution présumée du fini vers l'infini, de l'imparfait et du précaire vers le parfait et l'immuable, du devenir vers l'être, voici la conséquence logique et nécessaire de la conception idéaliste et moniste de l'existence. C'est là le point essentiel qui n'a jusqu'ici été mis en valeur par aucun système idéaliste, si ce n'est peut-être par les théoriciens du Brahmanisme, si ce n'est aussi et surtout, à titre d'objection, par les adversaires orthodoxes de l'idéalisme qui lui opposaient, comme un argument sans réplique, l'athéisme où il aboutissait, et, avec l'absence de but qu'il impliquait, l'abolition de tout principe pouvant servir de base à la morale. Du point de vue purement intellectuel où l'on est ici placé, c'est précisément de ces deux conséquences immédiates, athéisme, absence de finalité au sens métaphysique, qu'il faut faire à l'idéalisme un titre philosophique. L'athéisme supprime un dualisme substantiel, l'absence de finalité supprime le dualisme de l'être et du devenir. Deux pierres d'achoppement sont ainsi écartées où venait se buter toute tentative de construction métaphysique de l'être.

A résumer en une formule le changement d'optique que l'idéalisme entraîne, on énoncera donc qu'il réalise la substitution du point de vue esthétique, comme principe justificatif de l'existence, au point de vue moral. C'est là le principe que, dans un premier essai, où, sous un autre nom, l'idéalisme était enseigné comme une pratique, on résumait en cette formule : « L'intellectualisme comporte une esthétique rigoureuse, mais il ne comporte pas d'éthique[1]. » C'est aussi ce point de vue de strict esthétisme que l'on a exposé en *de Kant à Nietzsche*, dans la *Fiction universelle*, dans quelques pages de *Nietzsche et la Réforme philosophique*. C'est ce principe qui, d'une manière générale, donne le ton à la conception de l'exis-

---

[1]. *Introduction à la vie intellectuelle*, *Revue Blanche* du 1ᵉʳ décembre 1893, p. 519.

tence que l'on a tenté d'exposer en ces différents ouvrages.

II

On a montré jusqu'ici comment une construction systématique de l'univers en tant que, et parce qu'elle suppose tout d'abord la possibilité d'un état de connaissance, ne peut être tentée que sur les bases d'un monisme rigoureux, on a montré ensuite comment ce monisme impose une conception intellectuelle de la substance unique qui constitue l'univers, c'est-à-dire comment, la pensée nous étant seule immédiatement donnée, nous sommes contraints d'expliquer, par l'action de la pensée seule, tous les phénomènes inclus dans l'univers, comment nous sommes contraints d'attribuer à tous ces phénomènes, y compris la matière, une nature intellectuelle, une existence dans l'esprit. Ces deux propositions en ont nécessité une troisième, à savoir, qu'un être, en dehors duquel rien ne peut être conçu, ne peut être imaginé comme évoluant d'un état d'imperfection vers un état de perfection, rien ne pouvant être ajouté à ce en dehors de quoi rien n'existe. Toute conception de finalité éthique se trouvant ainsi écartée, la relation d'un devenir à un but étant jugée inapplicable au tout métaphysique, on a conclu que la conception moniste ne laisse place comme principe d'explication de l'existence à aucun mobile psychologique autre que celui-ci, — un désir de représentation de soi-même à sa propre vue, — enfin que ce désir de représentation implique entre les choses une relation de spectacle à spectateur, et que les lois de l'esthétique sont ici seules valables à l'exclusion des lois éthiques, celles-ci ne pouvant être prises en considération qu'au point de vue de la valeur d'illusion qu'elles représentent.

On va rechercher maintenant quel est le pouvoir explicatif de cette conception esthétique à l'égard des principaux phénomènes que nous observons dans l'univers. On la comparera, sous ce jour, à la conception éthique, c'est-à-dire que, malgré la disqualification qui frappe celle-ci dans son principe, on verra à se rendre compte si elle ne compensait pas ce vice initial par une vertu justificative supérieure, sur quelques points, à celle que renferme la conception esthétique. On vérifiera donc, d'une part, si, à l'égard des faits de toute nature que la conception éthique n'expliquait pas, la conception ésthétique apporte une explicacation ; si, à l'égard des faits que la conception éthique et dualiste du monde semblait expliquer, la conception esthétique possède un pouvoir d'explication égal ou supérieur.

★

On laisse volontairement dans l'ombre les considérations *a priori* qui ont fait rejeter toute thèse dualiste en raison de l'impossibilité qu'il y a de faire place en une thèse de cette nature à un système de connaissance logique. On rappellera toutefois l'incohérence et la contrariété déconcertantes qui se manifestent, sur le plan éthique, entre l'idée d'une finalité dans l'ordre de la connaissance scientifique, aussi bien que dans l'ordre de la connaissance morale, et les moyens primordiaux dont l'esprit fait usage pour appréhender les choses, le temps, l'espace, la cause. L'espace, ainsi qu'on l'a noté, est conçu de telle façon qu'il dépasse toute limite et tout contour, le temps de telle façon qu'il dépasse toute durée, la cause de telle façon qu'elle dépasse tout phénomène, qu'elle établisse toujours un lien de dépendance du dernier des phénomènes connus à l'égard d'un phénomène inconnu. C'est avec de pareils instruments que, selon l'interprétation éthique, l'esprit devrait s'efforcer d'atteindre une vérité suprême et un souverain bien. Le défaut d'adaptation du moyen au but est ici flagrant. Or, d'un usage insensé pour qui considère un but moral, pour qui aspire à la possession de la vérité, les moyens primordiaux de notre connaissance, ces prismes merveilleux du temps, de l'espace et de la cause, sont faits pour ravir qui se place au point de vue d'un spectacle, qui considère la connaissance comme un fait de vision, qui goûte, en l'apparition des phénomènes enchaînés selon des lois rythmiques, une joie esthétique et immédiate. A ce déplacement de point de vue, on voit éclater aussi, avec l'invention de ces appareils magiques, toute l'ingéniosité d'un être dont c'est le jeu de se rendre méconnaissable à sa propre vue sous une infinité de déguisements, de masquer son unité essentielle sous l'apparence de la diversité innombrable.

Ainsi les appareils du temps, de l'espace et de la cause, considérés du point de vue éthique, se refusent méthodiquement à accomplir la fonction qu'on leur veut imposer, de s'appliquer à un tout, d'étreindre et de définir l'univers. Ils laissent voir, au contraire, à l'examen de leur mécanisme, qu'ils sont construits de façon précisément à rendre à tout jamais impossible un tel dénouement. S'il leur faut attribuer un pouvoir de rationaliser l'univers, on ne découvre donc la signification de ce pouvoir que du point de vue d'une esthétique spectaculaire. Ce qui, de l'autre point de vue, devait être interprété comme une impuissance, concluait au pessimisme et à un agnosticisme désespéré, se montre une appropriation parfaite d'un moyen à sa fin. Si, en effet, les appareils idéologique, du temps, de l'espace, de la cause sont merveilleusement propres à instituer le décor et l'intrigue d'un spectacle, ils sont en outre disposés de telle sorte que le spectateur métaphysique, pour qui ce spectacle est institué, est assuré qu'il ne cessera jamais, car il porte en lui le principe de son renouvellement indéfini.

Sitôt que l'on assigne pour raison d'être à l'existence une curiosité spectaculaire, un désir de représentation de soi-même pour soi-même, il apparaît que la réalité spectaculaire est obtenue par une méthode rigoureuse, avec ces moyens primordiaux de mise en scène; il apparaît qu'au point de vue de l'adaptation de ces moyens de connaître à leur fin, qui est la connaissance, la conception esthétique, avec les définitions de la connaissance qu'elle entraîne, emporte un pouvoir d'explication qui fait entièrement défaut à la conception éthique.

A titre de corollaire, on pourrait montrer encore, sous un autre aspect, l'antinomie expresse qui existe entre l'exercice de nos moyens primordiaux de connaissance et les principes fondamentaux de toute philosophie morale. Pour toute philosophie de cette nature, l'être est le but du devenir. Or, si le devenir, c'est-à-dire l'univers tel que nous le connaissons, avait un but, ce but, selon la remarque de Nietzsche, serait atteint de toute éternité et, il n'y aurait plus de place dans la conception de l'être pour l'idée du temps. L'adaptation, supposée parfaite, d'un état *antécédent* à un état *final* exclurait les deux qualificatifs dont on use ici pour caractériser ces états. La tyrannie du but métaphysique ne laisserait point de place aux atermoiements du devenir, et une causalité de tous points parfaite joignant entre elles les deux extrémités d'un même processus s'abolirait elle-même. Tout l'épisode phénoménal serait écrasé du fait de l'adaptation de tous les éléments de l'univers à un état définitif et final, c'en serait fini de l'aventure de la causalité.

Une telle antinomie n'a pas lieu de se produire sous le jour de la conception esthétique qui fait du temps, de l'espace et de la cause des moyens de représentation, des appareils idéologiques propres à susciter un spectacle devant un spectateur, les perspectives où l'univers, dans un mouvement sans fin, prend connaissance de lui-même.

III

Il apparaît donc, qu'au point de vue des exigences intellectuelles, la substitution du mode d'évaluation esthétique au mode d'évaluation éthique supprime les antinomies que le premier mode, confronté avec les lois élémentaires de l'intellect, suscite infailliblement. Cette conception esthétique va-t-elle toutefois satisfaire les exigences de la sensibilité? Ne va-t-elle pas au contraire, en blessant certaines affirmations de la pensée suggérées par les besoins du cœur, déterminer un état de désespérance ?

Avant de répondre à ces questions, il faut préciser quelles sont ces affirmations chères à la sensibilité métaphysique, il faut s'enquérir si quelque conception morale de la vie qui se puisse imaginer serait de nature à les satisfaire, il faut rechercher, enfin, si ces affirmations mêmes pourraient se formuler en quelque vœu précis, comportant l'évocation et la définition d'une réalité souverainement désirable. Or, ces affirmations de la sensibilité notifient, par-dessus tout, l'horreur instinctive de l'homme à l'idée de mourir tout entier, son attachement à sa propre personnalité, le besoin de la croire impérissable, le désir aussi de soustraire à la mort les objets de ses affections et de ses passions. Cette forme du désir est si intense que l'on a vu toujours les foules humaines se précipiter avec avidité vers les prophètes et les inventeurs religieux qui leur tendaient l'appât de telles promesses.

Mais à considérer le thème philosophique sur lequel ces promesses prétendraient se fonder, on voit bien qu'il exclut expressément leur réalisation, on voit bien que l'aveuglement du désir détourne seul les croyants de s'apercevoir que la logique de leurs croyances les mène droit à la négation de leur désir et leur impose la conclusion qu'ils redoutaient le plus, le renoncement à leur propre personnalité. Il n'est pas possible, en effet, d'imaginer une évolution s'acheminant du fini vers l'infini, de l'imparfait vers le parfait, de l'accident vers la loi, — et tel est le thème commun à toutes les religions, — sans concevoir, ou que cette évolution n'atteint jamais son but, ou que, ce but atteint, il ne reste plus trace de ces formes d'existence imparfaites et diverses qui aspiraient à l'absolu. Les voici résorbées dans cet absolu qui est pour elle, avec leurs particularités, leurs affections diverses, leurs caractères distincts, proprement le néant. Cette forme de la loi d'ironie, qui tourne le désir à s'anéantir dans l'effort qu'il déploie pour réaliser son objet, s'observe dans toutes les vocations religieuses particulières. A considérer la suite des motifs qui les déterminent chez les natures douées d'une sensibilité métaphysique, que trouve-t-on ? La crainte d'attacher leur passion à des objets périssables, le désir de soustraire à la mort, par la foi aux promesses liminaires des Églises, les objets terrestres de leurs affections, le besoin de créer, à côté du monde périssable où sont toutes les racines de leur désir, un monde impérissable où le faire s'épanouir. Mais l'effort qu'il leur faut accomplir pour atteindre un tel but, impuissant à s'exercer dans un sens positif, s'applique tout entier à détruire, avec ces racines de leur désir, la réalité même de ce désir. L'amour divin, inconcevable en soi et sans objet saisissable, n'est fait que de la négation des passions réelles. C'est proprement une passion de la volonté arcboutée contre toutes les autres passions, contre tous les autres instincts et, lorsque cette passion, qui n'avait d'existence que dans ce qui lui résistait, s'est entièrement rendue maîtresse, le religieux se trouve avoir réalisé cette œuvre contradictoire : il a étouffé la flamme à laquelle il avait voulu assurer un aliment éternel, et l'insensibilité la plus parfaite se cache chez lui désormais sous l'ardeur verbale des oraisons. La religiosité actuelle, avec ses formes mystiques et chrétiennes, est identique à la piété bouddhique ; elle est seulement compliquée de la simulation d'un but positif, en faveur duquel sont suggérés les mêmes sacrifices, les mêmes renoncements que le pur amour du néant ou l'horreur de vivre inspirent au religieux d'Orient.

C'est donc, d'une façon générale, le défaut d'analyse et de réflexion qui permet d'imaginer, par opposition aux alternatives de joie et de tristesse, aux états successifs de force et de faiblesse qui composent la trame de notre vie, un état de contentement immuable, la conception d'un bonheur absolu. L'impossibilité réelle qu'il y a à concevoir cet état de bonheur parfait ne se manifeste pas seulement au regard de tout moraliste de bonne foi qui s'interroge consciencieusement, elle ne résulte pas seulement de témoignages innombrables qu'il serait aisé d'emprunter à toutes les littératures et qui ne composeraient jamais qu'une preuve morale, elle est la conséquence nécessaire des conditions de l'existence. En tant que fait de connaissance, l'existence n'est en effet possible que dans la division en objet et en sujet, c'est-à-dire dans un fait de mouvement auquel mettrait fin tout équilibre parfait, toute adéquation absolue telle que la réaliserait un état de bonheur, ne laissant plus de place au désir. Au-dessous de ces déductions *a priori*, l'expérience nous apprend d'ailleurs que toute sensation de plaisir n'est, en réalité, éprouvée comme telle que par comparaison avec un état antérieur différent et à condition de se modifier sans cesse. A demeurer toujours semblable à elle-même, elle cesse d'être perçue, elle tombe au-dessous de la conscience, la différenciation paraissant être une condition à défaut de laquelle un objet échappe à toute définition.

Il apparaît donc que toute philosophie éthique, concevant l'existence comme l'évolution d'une réalité imparfaite vers un état parfait, ne laisse aucune place aux espérances qu'une certaine forme de la sensibilité métaphysique fonde sur elles. Il apparaît aussi que le vœu même de cette sensibilité ne supporte point de construction, qu'il exclut toute possibilité de se voir réalisé, parce qu'il implique contradiction avec les modalités mêmes de la sensibilité qui le formule en sorte que son accomplissement réduirait fatalement cette sensibilité à ne plus exister.

A condamner et à rejeter, au nom des antinomies qu'elle comporte, la conception qui assigne à l'existence une finalité éthique, on ne court donc pas le risque de jeter au désespoir toute une part de la sensibilité métaphysique, dont on pouvait croire qu'elle relevait de cette conception et qu'elle prenait sur elle son point d'appui. Il semble, au contraire, que cette conception soit incompatible avec ce mode de la sensibilité et, qu'en fait, elle aboutisse à l'étouffer, chez tous ceux qui parviennent à la tenir pour vraie et à se conformer, dans la pratique de leur vie, à ses exigences. C'est ici d'ailleurs le lieu de remarquer qu'en croyant se fonder sur une conception logique qui l'exclut, la sensibilité métaphysique manifeste à quel point elle est indépendante des motifs auxquels on prétendrait la rattacher, à quel point elle est une force distincte de tout système quelconque de motifs, à quel point n'importe quelle théorie peut lui être prétexte. Elle nous avertit ainsi qu'elle compte parmi les moyens du spectacle, qu'elle relève de cotte force d'illusion où le spectacle prend sa source, qu'elle n'a rien de commun avec la logique, qu'elle n'a rien, par conséquent, à en redouter et qu'elle saura accommoder tout système à sa guise, l'assouplir à la forme de son besoin. Elle ne saurait, en tout cas, en rencontrer de plus contraire à son vœu que cette conception éthique et finaliste de l'existence. En faveur de celle-ci, il n'y a donc pas même à invoquer, pour la préférer à la conception esthétique que la nécessité intellectuelle impose à l'esprit, son utilité sentimentale.

IV

Si l'optique de l'illusion donne naissance à une sensibilité que justifie la nécessité de l'illusion comme moyen de nouer et d'entretenir l'intrigue du spectacle, l'optique de la connaissance engendre elle aussi un état de sensibilité. Mais cette sensibilité, à la différence de l'autre, supporte, ainsi que ses origines l'exigent, une construction logique, et trouve à se satisfaire, dans le cadre du monisme intellectuel, d'une façon entièrement harmonieuse et normale.

Du point de vue de cette conception unitaire, on a dit qu'il est impossible d'attribuer à l'activité répandue dans l'univers le sens d'une forme imparfaite de l'être évoluant vers une forme parfaite où elle serait résorbée. On a dit, qu'à l'activité d'un être impuissant par définition à rien ajouter à sa totalité ni à sa perfection et qui, pourtant, se manifeste animé d'un mouvement essentiel, un seul mobile peut être attribué, celui-ci, la joie de se donner soi-même à soi-même en spectacle, une sorte de Narcissisme métaphysique, selon lequel l'existence se complaît au miroir où l'infinité de ses formes se reflètent en d'incessantes métamorphoses. Un tel mobile se trahit chez tous les êtres à quelque degré. On le rencontre dans l'humanité sous toutes les formes, dans toutes les circonstances, toujours en éveil, toujours aux aguets. Il anime la curiosité du voisin à l'égard du voisin, allume les regards des badauds, assemble les attroupements autour des incidents de la rue et dispose sur deux rangs, aux marches des églises, le chœur bigarré des vieilles et des jeunes femmes, anxieuses de voir passer la robe blanche de la mariée. Il soulève les foules se ruant aux illuminations, aux feux d'artifices et aux grandes eaux, et c'est lui qui fait, qu'aux dimanches des grandes villes, des promeneurs, en groupes compacts, s'écoulant avec lenteur parmi la largeur des trottoirs et des chaussées, trouvent moyen d'être les uns pour les autres un spectacle attrayant. Mais c'est aussi ce même mobile qui s'élève, de la curiosité la plus vulgaire et la plus élémentaire, à la curiosité historique et scientifique, au sentiment de la beauté qui s'exprime dans l'art et jusqu'à cette curiosité analytique à l'égard de soi-même, de ses sensations, de ses pensées où se reconstitue, dans le microcosme psychologique, la passion essentielle qui fut attribuée à l'univers.

Toutes ces formes de la curiosité relèvent d'une ensibilité esthétique qui, à la différence de la sensibilité éthique, trouve satisfaction en toute occasion où elle s'exerce, car tout ce qui est pour la sensibilité éthique cause de joie ou de douleur offre à la sensibilité esthétique un aliment, également, indifféremment approprié. Nous ne construisons de drame ou de comédie que des événements douloureux, tragiques ou simplement fâcheux n'y aient place. La mise en scène des plus sinistres calamités, — la tragédie grecque en témoigne, — nous cause, au théâtre, une joie esthétique aussi grande que la représentation d'événements heureux ou d'aventures comiques : les larmes y sont aussi recherchées que le rire. Ainsi, ce qui est heur et malheur, pour les formes morales de la sensibilité, se montre, au même titre, un *moyen* au service de la sensibilité esthétique. L'existence de la douleur, injustifiable du point de vue éthique, trouve ainsi, dans le point de vue spectaculaire et théâtral de la sensibilité esthétique, sa justification plénière. Il y a plus et l'impossibilité d'imaginer la joie sans la douleur, certifiée par le mécanisme qui les fait inséparables et corrélatives l'une de l'autre, en même temps qu'elle divulgue la vanité, le caractère chimérique de toute conception assignant à l'évolution la tâche d'éliminer la douleur, fait éclater avec quel art métaphysique les choses sont disposées en vue de procurer, à la sensibilité esthétique, le double aliment qu'elle requiert.

L'être ainsi conçu, avec cet appétit de spectacle, au prix de la douleur et du sang, va-t-il donc encourir le reproche de cruauté auquel ne peut échapper le Dieu créateur de tout système dualiste ? Non, car il ne pourrait être question ici que de cruauté envers soi-même et cette cruauté volontaire est rachetée entièrement par la joie spectaculaire qu'elle procure à l'être même qui en subit les effets. Toute sensation de plaisir ou de souffrance accuse ici son caractère fictif, son caractère de moyen représentatif. Du point de vue où nous voici, nous sommes placés dans la vie exactement comme des spectateurs dans un théâtre ; mais la mise en scène est si parfaite, le jeu des acteurs si merveilleux de naturel et de passion, les moyens d'illusion sont si forts que nous en oublions le caractère fictif du drame. Il arrive parfois au théâtre que les acteurs soient pris eux-mêmes à l'ardeur de leur jeu au point d'éprouver tous les effets d'une passion vraie, et il arrive aussi que les spectateurs soient angoissés par les péripéties du spectacle de la même façon qu'ils le seraient en présence d'un événement réel. Une aussi complète illusion, et qui est, au théâtre, exceptionnelle, est engendrée, d'une façon normale, par l'optique de la vie. C'est, à nous, notre lot commun, de subir ce leurre fatidique et nous sommes tous, au spectacle de l'univers, ce spectateur glacé de terreur et criant au héros du mélodrame de prendre garde au traître qui s'approche de lui le couteau à la main. Le nœud de l'intrigue métaphysique consiste essentiellement en l'illusion que les Hindous nommaient le sortilège de Maïa, en cette illusion qui nous fait croire à la diversité des choses et des êtres, qui nous fait croire à la réalité distincte de notre propre personne, à la réalité distincte de tous les êtres que nous voyons dans l'univers, animés de mouvements, de désirs et de pensées et qui s'approchent de nous, la main armée du couteau ou les lèvres fleuries de baisers. Cette illusion est nécessaire pour qu'il y ait un spectacle ; elle est la matière même du spectacle que l'existence s'invente à elle-même et dont il faut bien qu'elle tire d'elle-même les éléments, puisque rien n'est en dehors d'elle.

A animer d'une image et d'un mythe une telle péripétie métaphysique, cette illusion, feindra-t-on de croire, tient sa force d'un pacte : après s'être diversifiée en l'infinité des êtres et des décors, après avoir inventé pour elle-même sur la scène de l'étendue, parmi les perspectives de la durée, tous les masques de la Personne, l'existence se jure à elle-même de respecter les déguisements d'elle-même qu'elle vient d'instituer, de s'y laisser duper, de ne jamais se reconnaître elle-même en ces masques où elle s'est elle-même représentée, afin de se réserver la joie de l'imprévu, du hasard et du jeu. Et elle s'interdit aussi d'intervenir, elle fait le serment d'assister impassible à toutes les conséquences que va engendrer l'inflexibilité des lois physiques dont elle a déterminé tout d'abord les rôles, selon des rythmes constants et qui composent les cadres où va se donner cours le jeu plus libre des affinités, des instincts et des passions. Que l'on imagine ce pacte juré sur les rives de quelque Lethé au symbole plus vaste, que l'on imagine enfin, après le geste des libations, l'ivresse universelle où toutes les choses, oublieuses de leur identité, commencent, sous l'empire de l'hallucination qu'elles ont elles-mêmes provoquée, à figurer le rôle qu'elles se sont elles-mêmes dévolu, à remplir le destin fatidique dont

elles ont librement tracé la courbe inflexible.
Sous le jour de cette conception, l'*amor fati*
dont Nietzsche avait fait sa devise et qui semble
avoir dans sa pensée quelque sens héroïque, l'*amor
fati* décèle une signification purement intellectuelle. C'est, chez le héros qui supporte le poids du
drame et que le malheur frappe à coups démesu-
rés, la conscience réapparue du caractère double-
ment fictif et de son personnage et des événements
sous lesquels il succombe, c'est le souvenir surgi,
en un éclair de la mémoire, d'avoir été lui-même
le créateur du rôle qu'il assume dans la tragédie
et l'inventeur complaisant de la catastrophe, c'est
le sens spectaculaire, en vue duquel le spectacle a
été créé, s'éveillant pour acclamer, à l'instant où
le drame atteint son pathétique le plus aigu. C'est
sous l'éclair de cette vision que le héros aime sa
destinée, y découvrant son œuvre. C'est alors que,
sous le masque rigide de la nécessité, sous le jeu
inflexible du hasard, il reconnaît le geste et le
décret de sa volonté. « Deviens ce que tu es. »
Cette maxime nietzschéenne exige ici ce commentaire précis : Joue ton rôle, dira-t-on, tel qu'il est
écrit, tel que tu l'as toi-même écrit. Accomplis les
gestes tracés. Par les voies fatidiques, parmi le
cortège des circonstances et des paroles nécessaires, sois le héros qui s'avance vers sa fin, plein

d'une joie contemplative et sereine, et qui sourit en spectateur au-dessus de son destin.

Si ce sentiment de l'identité du spectateur et du spectacle surgit parfois chez l'acteur à l'instant le plus tragique de son rôle, et, lui remémorant la scène du Lethé, le fait participer, à l'occasion de sa propre aventure, à cette joie spectaculaire où l'on situe l'activité essentielle de l'existence, c'est en pleine inconscience de leur fonction que, selon leur rythme normal, les activités masquées, qui jouent leur jeu sur les tréteaux du monde, pourvoient à assouvir une passion de curiosité esthétique non moins ignorante de sa propre fonction. En chaque être, le plus souvent, l'acteur et le spectateur demeurent en apparence entièrement distincts. En tant qu'il est spectacle, tout être est mené par des passions et des instincts qui le détournent de se voir lui-même comme spectacle, c'est à ce prix qu'il joue son rôle en acteur convaincu et qu'il est pour autrui un spectacle passionnant ; c'est parce qu'ils sont soumis à cette même condition que les autres êtres le paient d'un spectacle semblable.

L'objet est conditionné par l'existence du sujet, le spectacle par l'existence du spectateur ; réciproquement. L'existence simultanée de l'objet et du sujet, du spectacle et du spectateur, conditionne le fait même de l'existence. Il y a donc un degré de perfection et d'ampleur que l'objet pas plus que le sujet, le spectacle pas plus que le spectateur ne peuvent dépasser. Ce degré, c'est celui où l'un ou l'autre des deux termes, par l'exubérance de son développement, étoufferait l'autre, car ils puisent l'un et l'autre le principe de leur existence à la même source. Parvenu à cette limite, tout empiétement de l'un menace, avec l'existence de l'autre, la sienne propre. La curiosité du spectateur, sur le point de franchir cette frontière, est avertie du danger qu'elle court, et l'intérêt de sa propre conservation la contraint à se refréner, à ne jamais prétendre à un développement absolu. Ayant reconnu la nécessité, au point de vue de sa propre existence, de l'existence du terme contraire, elle en vient à restreindre volontairement son progrès, à prendre parti contre elle-même en faveur de son antagoniste qui est en même temps son aliment. La philosophie de la connaissance, une philosophie purement intellectuelle, telle qu'on en développe ici le cadre, comporte donc nécessairement un chapitre où elle promulgue et reconnaît les lois du spectacle, ces lois qui la rendent elle-même possible et la limitent à la fois. Et ces lois proclament avant toutes choses la nécessité de l'illusion, la nécessité de respecter le pacte qui sanctionne le déguisement de l'existence en une infinité de masques. Elles signifient que, pour inventer un spectacle où la pensée du spectateur trouve à s'exercer, il est nécessaire de créer, en vertu de conventions arbitraires, un certain nombre de fictions que l'analyse s'interdira de considérer, qui ne devront jamais être mises en question. En contradiction avec les lois d'une connaissance absolue qui constitueraient la philosophie du spectateur, il faut donc faire place, dans l'intérieur de la philosophie même de la connaissance, à une philosophie en apparence contraire, mais qui conditionne l'existence de l'autre et dont c'est pour celle-ci la suprême sagesse de reconnaître les droits ; cette philosophie, c'est la philosophie du spectacle.

CHAPITRE VIII

L'IDÉALISME COMME THÉORIE DE LA CONNAISSANCE

Identité de la conclusion d'agnosticisme, engendrée par la conception dualiste de l'existence avec la conclusion de connaissance adéquate engendrée par la conception idéaliste.

La suite de ces développements nous a amenés au point où peut-être faut-il considérer d'une vue distincte, et en prenant soin de l'isoler, une question déjà résolue, à vrai dire, par les analyses précédentes, mais qui tient au cœur des philosophes et des savants et occupe une place réservée en tout système de pensées d'ordre général : cette question, c'est celle de la nature et des limites de la connaissance. La conception d'idéalisme que l'on expose ici ouvre-t-elle un jour à la possibilité de la connaissance ? Ne conclut-elle pas au contraire à un agnosticisme absolu ?

A entendre la connaissance selon la signification que toute philosophie dualiste lui attribue, il faudrait répondre que l'idéalisme conclut en effet à un agnosticisme absolu. Mais une telle réponse supposerait une adhésion aux termes selon lesquels le dualisme pose le problème métaphysique. Or, toute cette étude a eu pour objet principal de montrer que ces termes étaient inacceptables ; il y a plus, et si l'hypothèse dualiste a été repoussée c'est, indépendamment de toute autre raison, pour ce qu'elle rendait précisément insoluble le problème de la connaissance.

Sous le jour des hypothèses dualistes, il n'y a pas de connaissance possible, parce qu'il y a un désaccord flagrant entre les formes de la connaissance et le but assigné à la connaissance ; mais l'état de connaissance qui est ainsi rendu inaccessible à l'esprit, c'est celui dont l'hypothèse dualiste soutient seule la définition. Or la définition d'une chose est-elle admissible qui assigne à cette chose une fin dont tous les moyens qu'on la voit mettre en œuvre tendent expressément à rendre la réalisation impossible? N'est-ce pas une définition de cette sorte que proposent de la connaissance toutes les philosophies dualistes, dont c'est le trait caractéristique de subordonner les intérêts de la connaissance à ceux de la morale et d'être entraînées, par ce souci dominant, à concevoir la connaissance au mépris de tous les renseignements qu'elle livre sur elle-même à toute enquête désintéressée? N'a-t-on pas signalé, à chaque page de cette étude, à l'occasion du temps et de l'espace, leur pouvoir d'élasticité sans limites, à l'occasion de la cause, cette manière qui lui est propre d'exiger de tout phénomène qu'il justifie son existence par le témoignage d'un phénomène antécédent par où elle institue une généalogie des phénomènes immémoriale et dont le premier ancêtre est à jamais introuvable ? N'a-t-on pas relevé à quel point il est contradictoire et singulier de stipuler qu'avec ces moyens faits pour écarter toute conclusion, pour dissimuler toute origine, la connaissance puisse avoir pour objet de pénétrer jusqu'à un premier principe des choses, d'en déduire toute la suite, et d'atteindre une ultime conséquence apaisant toute curiosité, ne laissant place à aucun pourquoi.

Le moins que l'on puisse penser d'une semblable conception de la connaissance est qu'elle est entièrement chimérique. Or, c'est à l'encontre de cette conception que l'idéalisme conclut à un agnosticisme absolu. Imputer à l'idéalisme lui-même cette conclusion d'agnosticisme déduite d'une conception qu'il a précisément pour objet de combattre, c'est, et il importe de s'en rendre compte, jouer sur les mots, c'est accepter de comprendre sous un terme — il s'agit ici du terme connaissance — un sens qu'une fausse interprétation y a seule introduite, au détriment du sens tout différent que l'on y distingue soi-même. Une telle soumission apparente ne pouvait guère être évitée à l'époque où l'on composait *de Kant à Nietzsche*. Il n'existait point de système philosophique où le terme connaissance fût pris dans une autre acception que celle à laquelle l'avaient assujetti les perspectives de la philosophie dualiste. On eût risqué d'être incompris en se dérobant aux exigences de cette accoutumance verbale, dans un ouvrage qui d'ailleurs avait pour but de montrer le néant des anciennes conceptions philosophiques plutôt que de leur opposer un point de vue différent. Il ne restait alors qu'à conclure à un agnosticisme absolu et qui, sous le jour du dualisme, s'infère de deux considérations : d'une part, la différence de nature introduite par le dualisme entre les deux parties qu'il détermine dans l'univers, jette un doute sur la conformité des objets réels à nos représentations et suscite à l'égard de la connaissance cet état de scepticisme dont Berkeley a si bien distingué les raisons et la nécessité ; d'autre part, ainsi qu'il vient d'être montré, le désaccord entre les formes de la connaissance et le but attribué à la connaissance détermine une impuissance constitutionnelle de la connaissance à se réaliser jamais. C'est donc, en prenant le mot connaissance au sens que lui attribue toute philosophie éthique, qu'en *de Kant* à *Nietzsche*, et particulièrement en l'un des chapitres consacrés aux *Idoles du ciel logique*, on célébrait l'agnosticisme. A montrer sur quels fondements solides il repose, on faisait éclater en effet toutes les antinomies et toutes les incohérences qui se rencontrent dans les diverses philosophies suscitées par l'Instinct vital et qui toutes impliquent, ainsi qu'on l'a fait ressortir dès le début de cette étude, un dualisme.

Mais à célébrer l'agnosticisme auquel donne naissance toute conception dualiste de l'existence, on laissait entendre qu'un changement de point de vue pouvait engendrer des conclusions toutes différentes, et, en introduisant dans les mots des sens nouveaux, invertir en affirmations les négations suscitées par les philosophies adverses. Or, en cette étude, où l'on s'est mis en quête d'une hypothèse qui permît de construire l'existence sur un plan logique, où l'on a écarté toute hypothèse qui, rendant la connaissance impraticable, eût rejeté hors de ce plan logique toute la suite du système, l'agnosticisme, engendré par les philosophies vouées à la satisfaction de l'éthique, doit faire place à une conception où la connaissance trouve à s'exercer sans obstacle et dans sa plénitude.

Le système d'idéalisme que l'on expose ici répond entièrement à ces conditions. Des deux difficultés qui, du point de vue des systèmes dualistes, contraignaient de conclure à l'agnosticisme, l'une se fondait, a-t-on dit, sur l'impossibilité de croire avec certitude à l'identité de l'objet avec sa représentation dans l'esprit, sous le jour d'une hypothèse qui établissait en principe une différence de nature entre l'objet perçu et l'esprit percevant. Cette difficulté s'évanouit entièrement, sous le jour d'une hypothèse contraire, qui ne voit dans tous les phénomènes de l'univers, dans toutes les relations qu'ils soutiennent entre eux, que le jeu d'un unique principe intellectuel et au regard de laquelle aucune chose ne peut être perçue par l'esprit, qui n'ait été, au préalable, inventée par l'esprit. La seconde difficulté, et qui constituait une complète antinomie, résultait du désaccord entre les formes attribuées à la connaissance et le but qui lui était assigné. Cette difficulté est résolue, sous le jour de l'idéalisme, par le changement du but départi à la connaissance, par la définition toute différente qui est donnée de ce phénomène. Les théoriciens du dualisme, se proposant de définir la connaissance, accusaient ce singulier procédé : antérieurement à la connaissance, dont il s'agissait de fixer le sens et dont implicitement, dont nécessairement ils faisaient usage dans leur recherche, comme du seul fait immédiatement donné, sans l'entremise duquel aucun autre fait ne peut être atteint, ne doit ni ne peut être imaginé connu, ils supposaient existant et connus des objets de connaissance, le bien et le vrai, soit le monde moral, soit un substratum éthique de l'existence. La connaissance n'était plus alors que le moyen d'atteindre ces objets. Une telle inversion, qui suppose connu quelque objet de connaissance antérieurement à tout usage de la connaissance, une telle inversion, selon laquelle la connaissance est ensuite définie en son essence par son rapport avec cet objet imaginaire, doit nécessairement engendrer une notion de la connaissance entièrement chimérique, et de nature à déterminer par la suite toutes les conséquences contradictoires qui font de tout système dualiste un chaos. L'idéalisme procède d'une façon entièrement opposée : tenant pour évident qu'il n'est rien de connu antérieurement à l'exercice de l'acte de connaître, tenant donc pour acquis que la connaissance ne peut être définie par sa relation avec un fait antécédent, il la définit par la seule considération de ses formes et de ses modes, par la considération des buts qu'on la voit atteindre. La signification attribuée à la connaissance par un tel mode de définition ne saurait donc plus laisser place à une antinomie entre les buts visés par elle et les moyens employés pour atteindre ces buts ; la connaissance, conçue selon le sens que l'idéalisme lui attribue, se réalise à tout moment selon sa norme, elle atteint à tout instant son but. D'un tel point de vue, la connaissance se donne en effet pour un acte purement spectaculaire.

Au lieu de s'orienter vers la fin éthique que le dualisme lui assignait, *a priori*, elle se montre animée d'un désir purement esthétique. Sa fonction consiste à voir, et cette fonction visuelle s'étend à tous les objets de l'univers. Elle requiert, selon ses modes et ses degrés divers, que les choses apparaissent, avec des contours délimités, dans l'espace, selon un ordre de succession, dans le temps, — car c'est sous ces conditions qu'elles sont distinctes les unes des autres et sont propres à former un spectacle, — enfin qu'elles soient liées entre elles par des relations qui les obligent les unes à l'égard des autres, les mettent entre elles en rapports d'intérêts et de lutte, afin que le spectacle comporte une intrigue.

Le temps, l'espace et la causalité ont donc ici un emploi en parfaite harmonie avec les fins de la connaissance. La connaissance par leur office est à tout instant assouvie : elle est assurée de l'être sans fin. Quant à cette croyance de la philosophie morale, selon laquelle l'objet de la connaissance consisterait à étreindre un premier commencement et une fin dernière, à s'emparer des notions absolues du vrai et du bien, injustifiable de son propre point de vue, elle a sa place et son utilité, comme on l'a déjà noté expressément, dans les cadres d'une philosophie esthétique : elle s'y classe au chapitre qui traite des lois du spectacle. Elle fait partie de ce système d'illusion dont le mécanisme assure, devant le regard du spectateur, le changement continu du spectacle. La croyance en l'existence d'une vérité dernière qui, au prix d'un effort, peut être trouvée, stimule, en effet, la passion de la recherche, et la découverte de toute cause nouvelle, rendant compte d'un phénomène, secoue le chercheur du spasme de la possession. C'est dans ce sens que Nietzsche a dit : Il n'est pas nécessaire que quelque chose soit vrai, mais il est nécessaire que quelque chose soit cru vrai. On remarque, après cela, que la cause nouvelle n'est une explication plus profonde de la nature des choses que par rapport au mode d'explication antécédent et qu'elle veut, à son tour, être justifiée elle-même par une raison d'être antérieure : de nouveau le désir se reforme, fomentant une illusion nouvelle où se tend le ressort de tout changement. Ce mécanisme, au moyen duquel le décor se modifie sans cesse, a été trop amplement analysé dans *le Bovarysme*, au cours des développements sur le bovarysme scientifique et le Génie de la connaissance, pour qu'on y insiste ici plus longuement. C'est dans ce même ouvrage que l'on a également donné la croyance en une vérité objective et de nature morale, comme la forme suprême de l'illusion et comme le grand moteur du monde, opposant une fois pour toutes à la contradiction en soi qu'implique cette croyance, et à l'impossibilité de la justifier, son utilité de premier ordre comme moyen au service de la curiosité esthétique.

Dès que, sous le jour du point de vue idéaliste, on conçoit la connaissance comme un acte purement esthétique et de vision spectaculaire, dès que l'on cesse d'y voir un moyen d'atteindre un état de bien-être définitif dans l'ordre de l'éthique, l'agnosticisme n'a plus de sens : rien n'existe qui n'existe en vue de la connaissance et ne la satisfasse, l'existence tout entière se définit, la connaissance en acte.

Ce point de vue, on en a fait déjà la remarque, engendre une sensibilité intellectuelle d'une nature absolument opposée à celle que détermine la conception éthique : en contraste avec une passion de certitude, soucieuse de réduire l'ensemble de l'activité cosmique aux proportions d'un théorème mécanique, entièrement numérable dans toutes ses parties, une passion de curiosité et d'aléa qui, assouvie par l'imprévu des métamorphoses phénoménales, craint par-dessus toutes choses d'être sevrée de son plaisir, s'informe avec anxiété si le jeu des apparences qui lui procurent le spectacle est bien agencé de manière à ne comporter jamais de conclusion, si la source de l'illusion créatrice ne va point tarir, si le temps et l'espace ne vont pas imposer des limites à l'improvisation et aux fantaisies du hasard, si l'instabilité causale ne va pas faillir à sa tâche. C'est en réponse aux appréhensions d'une telle sensibilité que l'on formulait naguère : « Les notions de science et de vérité s'excluent. La science ne se propose jamais la vérité pour objet : elle est une vue, notre vue naturelle prolongée et qui peut l'être indéfiniment parce que l'espace ne lui fera jamais défaut par delà les horizons qui, momentanément, la bornent[1] ». C'est de ce même point de vue, sous lequel la vérité, au sens éthique, est considérée comme un péril, que l'on se réjouissait de voir ce péril à jamais conjuré par la disposition même des formes de la connaissance, et cette conception, exposée en *de Kant à Nietzsche*,

---

1. *De Kant à Nietzsche*, p. 127.

n'était elle-même que le développement, sous un aspect et dans un cadre nouveaux, d'une première étude entreprise et traitée sous ce titre paradoxal et qui put sembler ironique, *les Fondements de l'incertitude*, au cours d'une *Introduction à la vie intellectuelle*[1].

L'agnosticisme que l'on professait alors, était donc bien identique, dans son principe, dans sa forme et dans ses conclusions, à la théorie de la connaissance que soutient ici la conception de l'idéalisme. Cet agnosticisme comportait une signification absolument différente de celle qui se traduit en une plainte humiliée et trahit un pessimisme désespéré de l'instinct de connaissance. Il différait aussi absolument, faut-il le dire, d'un certain agnosticisme religieux qui ne conclut à l'impuissance de la connaissance humaine que pour réserver l'omniscience divine. C'était, au contraire, un agnosticisme joyeux, en même temps que sans réserves, et cet acte de possession suprême en vue de se rendre maître du paysage de la connaissance, de l'enclore et de le limiter, cet acte de possession suprême, que l'esprit humain se montrait impuissant à accomplir, on affirmait qu'aucun esprit ne le veut, qu'aucun esprit ne le

---

1. *Revue Blanche* du 15 janvier 1896.

peut réaliser et que c'est avec les conditions mêmes de toute connaissance qu'il est incompatible.

Dans *la Volonté de puissance*, Nietzsche déclare que la force d'un être se doit désormais mesurer à son pouvoir de supporter et d'aimer l'incertitude. Ici encore, cette posture, qui apparaît, tout d'abord, comme un mode de l'héroïsme, reçoit une explication intellectuelle. Elle se montre une posture intéressée, caractéristique d'une intelligence qui a pénétré le sens spectaculaire de l'acte de la connaissance : ainsi initiée, elle redoute, comme la forme même du néant, la découverte d'une solution définitive qui, par l'adaptation d'une cause première à une fin métaphysique, supprimerait ce mouvement de l'existence phénoménale, cette image cinématographique du monde comme représentation dont la seule raison de se prolonger dans le temps et dans le dédale de la causalité est l'impossibilité où il est de trouver dans une harmonie parfaite une immobilité mortelle.

CHAPITRE IX

L'IDÉALISME ET LA SCIENCE

I. Possibilité de la science du point de vue de l'idéalisme. — II. Des divers modes de nécessité à l'occasion desquels l'activité scientifique a lieu de s'exercer. — D'une première catégorie du nécessaire créée par le mouvement de division de la pensée en objet et en sujet : cette nécessité conditionne l'existence. — D'une seconde catégorie du nécessaire créée par les mouvements subséquents où la pensée se fragmente : cette nécessité conditionne notre connaissance du monde phénoménal. — L'activité morale comme limite de l'activité scientifique. — III. But purement spectaculaire de la science : absence de finalité éthique. — Description des fins esthétiques qu'elle comporte.

I

On vient de faire voir quel principe de cohérence introduit, entre les diverses manifestations de l'existence, la conception d'un monisme absolu poussée aux conséquences idéalistes qui s'y trouvent impliquées. On a considéré quelques-unes des difficultés les plus graves, parmi celles dont les autres systèmes de pensée se montraient impuissants à procurer la solution, et on a montré, qu'au regard de l'hypothèse idéaliste, ces difficultés se dissipaient. On a donc pu se convaincre que ces difficultés n'étaient point inhérentes à la nature des choses, que seul les avait suscitées le principe d'incohérence impliqué en des systèmes différents. On a pu se convaincre que toutes les antinomies, autour desquelles les philosophes ont élevé leurs disputes, n'ont point d'existence réelle, qu'elles sont purement fictives, qu'elles ont pour origine une sophistication des éléments du problème dont l'effet est de le rendre insoluble, qu'ainsi l'esprit dialectique, en s'exerçant sous le jour des hypothèses dualistes, s'était proposé un objet sur lequel il pouvait bien s'aiguiser comme une lame sur une meule, mais dans lequel il était fatalement condamné à ne jamais pouvoir entrer sa pointe.

Après avoir mis en évidence, à l'égard des divers points de vue dont on a fait l'examen, les avantages de l'idéalisme sur les autres systèmes métaphysiques, après avoir fait valoir la construction harmonieuse qu'il soutient, il reste à se demander pourtant, si, supprimant certaines difficultés que suscitaient les autres entreprises, il n'en soulève pas d'autres, par un jeu de bascule qui condamnerait alors, d'une façon définitive, toute tentative de l'esprit s'efforçant d'imaginer le monde et de l'étreindre d'une conception systématique et harmonieuse.

Les adversaires de l'idéalisme nous ont épargné le soin d'avoir à rechercher nous-mêmes ces difficultés au moyen desquelles ils pensent mettre la doctrine en posture d'impuissance. Ils les ont groupées sous forme d'objections en deux interrogations principales ? Du point de vue de l'idéalisme, comment la science est-elle possible ? Comment la morale est-elle possible ?

Ces deux objections sont de valeur très inégale. La science, en effet, est un fait défini, d'une valeur positive indéniable. Si elle ne donne pas une explication absolue du monde des phénomènes, si d'ailleurs elle ne prétend pas assumer semblable tâche, il n'en reste pas moins que, dans le domaine du relatif où elle se meut, elle propose un nombre considérable de lois dont un esprit raisonnable n'est point libre de ne pas accepter l'évidence. Il en est autrement de la morale, dont tous les commandements prêtent à discussion, qui n'émet en guise de lois que des postulats arbitraires et qui ne sauraient contraindre logiquement aucun esprit. On n'examinera donc ici que l'objection relative à la science qui, si elle demeurait sans réponse, serait de nature à disqualifier la thèse idéaliste ; on réservera pour une étude plus spéciale l'objection relative à la morale. Celle-ci semble moins pressante. Si, en effet, l'idéalisme était incompatible avec la morale, il n'y aurait pas à se faire scrupule, du point de vue d'une philosophie de la connaissance, de sacrifier la morale. La condamnation de la morale ne mettrait pas l'idéalisme en péril, ne serait pas, contre l'idéalisme, une objection plus valable que celle qui arguait contre cette doctrine de ses conclusions exclusives de tout théisme. On pense pourtant pouvoir montrer, par la suite, que, sous le jour de l'idéalisme, l'impératif moral assume, en tant que moyen spectaculaire, un rôle d'une importance majeure, et échange contre un vain renom de Croquemitaine légendaire, une définition positive et une tâche précise.

S'il n'existe pas une vérité objective et qui soit indépendante de l'arbitraire mental, « s'il n'y a rien de vrai, pourquoi, demande M. Fouillée[1], formulant en excellents termes l'objection scientifique, le chaos des phénomènes se plie-t-il à notre optique? Pourquoi les rayons de Wéga ou d'Antarès laissent-ils décomposer leur spectre de façon à nous révéler la constitution chimique d'étoiles étrangères à notre « vie », parfaitement indifférentes à notre optique? » Et il conclut : « Le

1. *Le Moralisme de Kant et l'Amoralisme contemporain*, Alcan, p. 294.

progrès des sciences est la quotidienne réfutation du subjectivisme absolu de Protagoras et même de ce subjectivisme relatif qui fait la première assise du kantisme. »

On répondra :

La thèse idéaliste, telle qu'on l'a déduite de la conception moniste, imposée elle-même par le souci de poser le problème de la connaissance en termes susceptibles de procurer une solution, la thèse idéaliste suppose du monde phénoménal la genèse que voici : la pensée, tenue pour la substance unique impliquée dans l'univers, n'existe que sous la condition de se poser en face d'elle-même en objet pour un sujet, en une infinité d'objets pour une infinité de sujets. Cet acte de fragmentation et de dispersion, auquel on n'a garde d'assigner une origine dans le temps, exprime l'activité essentielle et continue de la pensée. Aucune présomption logique ne nous autorise à supposer qu'un principe rationnel antérieur et supérieur au fait de l'existence intervienne ici pour définir les conditions et les circonstances de cette fragmentation, et l'hypothèse moniste nous interdit expressément d'introduire dans notre univers ce principe régulateur, ce rationalisme métaphysique et transcendant. Imposant à l'ensemble des phénomènes une seule modalité possible, un tel rationalisme serait incompatible avec le phénomène du devenir, avec le fait de l'évolution, avec les imperfections, les tâtonnements qu'elle implique et qu'elle ne manque point de laisser voir. Il nous faut donc conjecturer qu'un nombre infini de relations différentes sont possibles entre les formes objectives et les formes subjectives de la pensée, qu'une seule circonstance commune les caractérise toutes, celle-là, que l'existence du sujet y conditionne toujours l'existence de l'objet. Cette nécessité mise à part, rien n'empêche que les états de fait les plus instables et les plus éphémères ne se produisent au cours de ce mouvement de fragmentation selon lequel la pensée engendre les perspectives phénoménales. Ce sont nos mauvaises habitudes philosophiques qui nous inclinent à voir dans la pensée un principe ordonnateur. L'ordre, le rationnel est bien une forme de la pensée, forme infiniment précieuse, mais c'en est une entre des millions d'autres, — forme hasardeuse et exceptionnelle. La relation d'objet à sujet dans une conscience, cela seul est proprement la pensée réduite à sa réalité essentielle, et cette relation peut se former à l'occasion d'une infinité d'apparitions fugitives, ne comportant entre elles aucun lien de dépendance. Un monde, où la science ne serait pas possible, n'est pas inimaginable.

Pourtant, parmi cette infinité de rapports auxquels donne naissance le mouvement selon lequel la pensée se fragmente, les cas ne sont point exclus où des rapports constants s'établissent, où des séries plus ou moins durables se constituent de faits liés entre eux par un lien de dépendance, par un enchaînement d'une rigueur suffisante. Or, les raisonnements que nous poursuivons ici ne sont possibles que dans le cas où une réussite de cette sorte s'est produite, une réussite n'impliquant nullement une systématisation absolue des phénomènes, mais une réussite, pourtant, intéressant un vaste ensemble de phénomènes convergents, dont les parties profondes soutiennent entre elles des rapports constants et durables. Cette base constante suffit à faire apparaître sur un même plan, à soumettre à des conditions identiques, les englobant dans un même système, les autres manifestations moins coordonnées du mouvement de la pensée où éclate encore la fantaisie de l'improvisation et par où l'univers échappe à un rationalisme définitif et mortel. Va-t-on s'étonner comme d'une rencontre miraculeuse, si nous nous trouvons précisément en posture de spéculer sur les conséquences d'une réussite aussi exceptionnelle ? Mais nous faisons partie de cette réussite, et nos spéculations en sont elles-mêmes la suite, et si la fragmentation de la pensée s'était effectuée selon d'autres modes, un autre paysage spéculatif, un autre état de conscience serait déterminé par ce mouvement d'un autre rythme. Le paysage spéculatif dont nous considérons ici l'horizon est le seul qui convienne à l'état de fragmentation de la pensée au sein duquel nous sommes plongés et cet état de fragmentation engendre nécessairement ce paysage.

Un problème que l'on a déjà soulevé et que l'on n'a pas résolu se présente ici de nouveau dès que l'on cherche à se représenter selon quel ordre se sont constituées les différentes assises de la pensée. Dans l'état d'incertitude où nous sommes demeurés touchant la genèse, empirique ou *a priori*, du temps, de l'espace, de la causalité, deux hypothèses sont toujours permises. On peut supposer que ces formes sont des conditions *sine quâ non* du fait de connaissance, des conséquences nécessaires, à l'exclusion de toutes autres, du premier geste de division où la pensée se formule, et nous atteignons alors un rationalisme des formes de la connaissance. C'est, a-t-on dit, l'hypothèse que l'on avait adoptée en *de Kant à Nietzsche*, et l'analyse des formes de la connaissance, dont on avait montré qu'elles sont disposées de façon à exclure la possibilité de toute conclusion, à exorciser de l'univers toute finalité, cette analyse avait permis de déduire, de ce rationalisme transcendantal de la forme, l'irrationalisme nécessaire du contenu de la connaissance, de décréter un dogmatisme du relatif et de l'indéfini, de montrer, dans la réalité phénoménale, la matière d'un spectacle, au lieu d'un processus évoluant vers une fin propre. Dans le même état d'incertitude où nous sommes demeurés, on peut supposer aussi que le temps, l'espace, la cause, ces moyens primordiaux de la connaissance, sont déjà des inventions de la pensée qui eût pu, qui pourrait s'exercer sous d'autres conditions, selon d'autres modalités. Cette seconde hypothèse a pour effet de réduire la législation de la *raison pure* à la distinction nécessaire de l'objet et du sujet, de soustraire à son commandement toutes les autres formes de la pensée, pour les remettre sous la dépendance de l'arbitraire mental.

Peu importe, au point de vue que nous examinons de la conformité des lois du monde aux lois de la pensée, peu importe que nous adoptions l'une ou l'autre hypothèse. Peu importe que l'activité arbitraire de la pensée commence à s'exercer après ou avant l'apparition des formes de la connaissance dont on vient de mettre en question l'origine. Ce qui doit fixer ici notre attention, c'est cette activité même de la pensée, cette activité arbitraire dont c'est la fonction essentielle de s'inventer un spectacle, de se donner elle-même à elle-même en spectacle, et ce qu'il nous faut analyser, c'est le mécanisme, en vertu duquel les modes de cette activité supportent la connaissance scientifique. Or, la seule activité qui existe dans l'univers est *cette* activité, et tout mouvement émanant d'elle s'exprime, et c'est là tout ce que nous en pouvons dire en une relation rigoureuse d'objet à sujet. Dans cette relation, la position réciproque occupée par l'objet et le sujet à l'égard l'un de l'autre n'est qu'une conséquence de l'activité essentielle de la pensée et ni l'objet, ni le sujet ne possèdent aucun pouvoir quelconque de créer ou de modifier cette relation que leur impose le mouvement de la pensée.

Ceci posé, et pour que la pensée se puisse donner un spectacle cohérent et suivi comme celui auquel nous assistons, il faut et il suffit que, parmi la diversité des postures où elle se meut et se divise, il en soit qui se répètent selon un rythme fixe et invariable. Ce fait de répétition rythmique dans le mouvement de la pensée soutient entre le sujet et l'objet une série de relations absolument fixes et constantes qui donnent l'illusion d'une réalité objective ou qui, pour mieux dire, *sont* la réalité objective, s'il est bien entendu que l'on cesse d'entendre, sous cette qualification, une réalité indépendante du mouvement de l'esprit. Tant que le rythme de la pensée demeure semblable à lui-même, il détermine entre le sujet et l'objet, entre une infinité de sujets et une infinité d'objets, ces rapports fixes et inébranlables que l'on vient de signifier, et le sujet, qui n'est doué par lui-même d'aucun pouvoir modificateur, est condamné à considérer l'objet sous cet aspect toujours identique, à distinguer en l'objet des propriétés incommutables sur lesquelles il n'a aucune prise, à l'égard desquelles toute son action s'épuise à les connaître. C'est en raison de la persistance de ces gestes constants et rythmiques de la pensée que je ne puis me soustraire, si j'ouvre les yeux au spectacle des apparences corporelles. Ce geste constant vient-il à se briser, toute la réalité objective qu'il supportait s'effondre, nous n'avons plus à en discourir, le rêve cohérent, que la pensée construisait, est dissipé pour faire place à quelque autre, où trouveront place d'autres, de nouvelles descriptions. Mais le geste continue, c'est bien le même rêve que nous poursuivons, nous sommes en possession d'une réalité objective sur laquelle nous pouvons tabler, avec laquelle nous ne pouvons pas ne pas compter. Cela suffit pour affirmer que nous possédons la matière de la science. Des objets se révèlent à nous avec des propriétés fixes, avec des caractères distincts, nous allons pouvoir abstraire ces propriétés, en former des lois qui participeront de la fixité imposée à l'objet dans sa relation avec le sujet, nous allons pouvoir, en combinant entre elles la diversité des lois, utiliser à notre profit les propriétés de la matière et, selon la formule inventée en vue d'une réalité indépendante, exploiter la nature en lui obéissant.

II

Dès lors l'activité scientifique est possible. Activité purement spectaculaire et qu'il faut distinguer expressément de l'activité où la pensée continue d'improviser le spectacle. Cette distinction est, sous le jour de l'idéalisme, de la plus haute importance. Le jeu de la pensée s'exerce, dans le monde qui est notre représentation actuelle, selon des degrés de nécessité différents. Or l'activité scientifique ne prend barre que sur les mouvements de la pensée où se manifestent certains caractères de nécessité déterminés. Ce sera donc préciser les conditions sous lesquelles la science est possible et reconnaître exactement son aire que de recher-

cher quels sont ceux de ses mouvements où ces
caratères sont marqués. Cette recherche nous conduira à distinguer, parmi divers modes des mouvements de la pensée, deux modes distincts, engendrant deux catégories de nécessité, distinctes aussi et inégales, mais à l'occasion desquelles la pensée pourra s'exercer par la suite sous sa forme scientifique. On distinguera ensuite un autre mode de mouvements à l'occasion desquels l'activité de la pensée sera classée sous une nouvelle catégorie de nécessité, que l'on nommera le déterminisme de la force, cette catégorie nouvelle se distingue des précédentes en ceci, qu'elle implique, aux premiers stades de sa genèse, l'action du hasard ou d'un arbitraire mental. Aussi échappe-t-elle, à l'époque de sa formation, aux prises de l'activité scientifique. On donnera le nom d'activité morale à la forme sous laquelle le jeu de la pensée s'y manifeste et on assignera le champ de cette activité morale pour frontière au domaine sur lequel il est possible à l'activité scientifique de s'exercer. Dès maintenant, toutefois, on signalera que les modes du nécessaire, à l'occasion desquels se déploie l'activité scientifique, ont leur origine, ceux du moins du second degré, dans ces mouvements arbitraires de la pensée que régit seul le déterminisme de la force. Ces mouvements deviennent objets de science après

que le déterminisme de la force ayant mis fin à la lutte pour la puissance engagée entre eux, en a éliminé quelques-uns et a établi entre les autres des hiérarchies définitives et fixes.

Les développements que l'on va entreprendre rendront compte de la signification et de la portée de cette remarque préliminaire. Il apparaîtra d'ailleurs, dans toute la suite de ces développements, que l'activité de la pensée ne s'exerce jamais qu'à l'occasion des rythmes tracés par l'activité même de la pensée au cours de ses modes antérieurs, de quelque catégorie du nécessaire que ces modes relèvent, en sorte que la pensée, dans toutes les opérations où elle se manifeste, ne se montre jamais en rapport qu'avec elle-même.

★

La pensée se montre soumise tout d'abord à la nécessité essentielle de sa nature qui implique la division en objet et en sujet, hors de laquelle aucun état de connaissance n'est possible. A l'occasion de ce premier geste créateur de la réalité du spectacle, l'activité scientifique trouve à s'exercer avec une entière certitude. A décrire ce mouvement de fragmentation élémentaire, elle manie ce rationalisme des formes de la connaissance où la pensée trouve les caractères qui la définissent, caractères en dehors desquels le phénomène de l'existence, privé de toute conscience de soi-même, s'évanouit. Si, selon l'hypothèse que l'on a supposée possible sans décider de sa réalité, nous ne considérons pas le temps et l'espace comme engendrés avec nécessité par la distinction en objet et sujet, il nous faut mettre à part, avec le mouvement qui accomplit cette distinction, un mode de la nécessité qui n'aura plus d'analogue et qui formera une catégorie unique.

★

Indépendamment de ce premier mode on a dit que le jeu de la pensée en suscitait d'autres encore et, par delà le mouvement de division qu'elle exerce en vertu de la nécessité de sa nature, la pensée continue en effet de se mouvoir, c'est-à-dire de se diviser avec elle-même selon une infinité de modes, ainsi qu'en témoigne la diversité concrète de l'univers. Or, si ces mouvements, consécutifs au premier mouvement de fragmentation de la pensée, ne sont point déterminés avec nécessité par la forme de ce premier mouvement, constatons qu'un geste irrationnel fait ici son apparition. A-t-il pour origine une combinaison du hasard ou un arbitraire mental, la question est bien loin d'être dénuée d'importance, mais elle n'est pas en jeu ici et, tout ce qu'il faut retenir, dans l'intérêt de l'analyse actuelle, c'est le caractère irrationnel du mouvement.

Hiérarchiquement, et immédiatement après la distinction en objet et en sujet, les assises les plus fondamentales de notre connaissance sont constituées par les notions de temps, d'espace et de cause, c'est donc en ces notions qu'il nous faudrait voir la manifestation du premier geste irrationnel de la pensée. Ces formes seraient devenues les formes de la connaissance, non parce qu'elles seraient les seules possibles, mais parce qu'elles auraient été appelées à la fonction qu'elles remplissent, soit par l'action du hasard, soit par l'action d'un arbitraire mental. Or, si l'activité scientifique ne peut se donner cours qu'à l'occasion des mouvements de la pensée empreints d'un caractère de nécessité, il faudrait conclure qu'il n'y a pas de science possible en tant que fondée sur les notions de temps, d'espace ou de cause. La géométrie et l'arithmétique pure, en s'inscrivant à l'encontre de cette conclusion, nous invitent à rechercher, en dehors de la nécessité qui résulterait pour ces notions d'un lien de dépendance logique à l'égard de la distinction en objet et sujet, lien que nous supposons n'exister pas, une autre forme, un autre mode de la nécessité. Ce mode nouveau existe. Il ne conditionne pas, comme le précédent, le fait même de l'existence de la pensée, soit, le fait même de l'existence, mais il conditionne le fait de connaissance particulier qu'est l'existence de *notre* monde phénoménal. Cette nécessité suffit à fournir les bases d'une science rigoureuse à l'égard du monde que nous connaissons.

On a tenu pour avéré que cette nécessité ne peut être déduite du rapport de dépendance des notions secondaires de la pensée à l'égard de la relation d'objet à sujet : ce n'est pas à dire, concevons-le, que ce rapport n'existe pas, ni que les notions de temps, d'espace et de cause puissent s'exercer en dehors de cette relation, mais cela signifie que, dans l'intérieur de cette relation, elles eussent pu ne pas se former et que d'autres notions, au lieu d'elles, eussent pu s'affirmer, en sorte que, la relation d'objet à sujet étant donnée, elles ne suivent pas nécessairement. Mais privées de cette détermination par l'action du fait antécédent trop ample et dont elles n'épuisent pas toute la virtualité, elles fondent leur nécessité sur le caractère d'utilité essentiel qu'elles présentent à l'égard de toutes les catégories de phénomènes subséquentes, catégories dont elles conditionnent l'existence après que celles-ci les ont adoptées comme bases de leur développement.

A la suite de cette série de mouvements arbitraires mais constants qui, en fait, donnent naissance aux perspectives du temps, de l'espace et de la cause, la pensée continue en effet de se mouvoir en se fragmentant et ces nouveaux mouvements engendrent de nouvelles séries de phénomènes. D'un nouveau geste arbitraire la pensée formule et définit, dans les cadres du temps, de l'espace et de la cause, avec la sensation, avec la diversité des perceptions qui s'élèvent de cette source, telles relations particulières entre le sujet et l'objet, et voici que le lien qui unit étroitement le sujet à l'objet dans le fait de la perception, s'exprime objectivement en la représentation de la matière et de ses modes, pesanteur, visibilité, rythme défini du mouvement qui l'anime, mouvement d'attraction et de répulsion des molécules qui la composent. Or cette nouvelle série de mouvements qui a donné naissance à la perception et, par elle, aux apparences et aux propriétés de la matière est bien indépendante en une certaine mesure de la série des mouvements antécédents qui se formulèrent en les notions de temps et d'espace ; elle a le même caractère arbitraire en ce sens que, s'inscrivant dans l'angle formé par ces notions, elle eût pu se traduire en des mouvements d'un autre rythme, donner naissance à des perceptions autres que celles que nous connaissons. Elle l'emporte en indépendance sur les notions de temps et d'espace en ceci encore : tandis que ces notions ne pouvaient se formuler, sans autre alternative possible, que dans la relation d'objet à sujet, les mouvements qui, en se développant en fait sous les catégories de temps et d'espace, ont donné naissance à la perception et aux qualités de la matière, eussent pu se développer sous des catégories de même degré que celle de temps et d'espace, mais différentes, sauf à donner naissance à des notions différentes de celles que nous fournissent nos perceptions actuelles. Mais en fait, — non pas nécessairement, mais empiriquement, — c'est sous les catégories précises du temps, de l'espace, de la cause que ces nouveaux mouvements de la pensée, les derniers venus parmi ceux que nous avons considérés, ont pris place. Or, avec ce fait empirique, nous touchons le nouveau mode de nécessité dont nous nous étions mis en quête. Il est maintenant possible de le décrire et de le caractériser.

Cette troisième série de mouvements de la pensée

qui a engendré la perception et les propriétés de la matière, — bien que non déterminée en son principe, mais du fait qu'elle s'est développée sur la base formée par la seconde série des mouvements de la pensée, — requiert désormais, pour pouvoir persister, pour conserver la signification qu'elle a prise, la constance des mouvements de cette seconde série. Son existence est subordonnée à cette constance. Une nécessité de connaissance, absolue, en ce qui la concerne, exige que les perspectives du temps et de l'espace présentent une solidité et une fixité immuables. De même l'emplacement d'un nid sur une branche exige que la branche soit solide. Il faut qu'elle supporte le nid pour que celui-ci puisse s'emplir d'œufs, pour que ces œufs puissent éclore, pour que de petits corps pressés, animés de cris aigus puissent s'y développer, s'y couvrir de duvet et de plumes jusqu'au jour où ils s'essaieront à voler. La branche cassée à quelque moment, c'est le nid en morceaux, c'est les œufs brisés sur le sol, c'est tout un processus de phénomènes liés entre eux que voici aboli. Que le large mouvement rythmique de la pensée qui donne naissance aux perspectives du temps et de l'espace cesse de s'exercer et c'en est fait aussi de la matière et de ses propriétés, tout le paysage de sons, de couleurs, de résistances qui déjà s'était formé sous le regard de la connaissance, tout ce paysage se dissipe et se brise.

Ainsi, après que le mouvement de la pensée a fait surgir dans les cadres de l'espace, du temps et de la cause, — avec les modes de la perception, — les propriétés de la matière, les notions du temps, de l'espace et de la cause, qui eussent pu jusqu'ici être suppléées, aux termes de notre hypothèse, par d'autres notions d'un même degré de formation, acquièrent désormais, du fait de l'entrée en scène de cette troisième série de mouvements, du fait de l'élection dont elles ont été l'objet de la part de celles-ci, un caractère de nécessité absolue dans le système de connaissance formé par la corrélation des trois séries de mouvements que l'on vient de décrire. Désormais, aucun objet ne pourra exister pour aucun sujet en dehors de l'espace et du temps, parce que les perceptions et les qualités de la matière où le mouvement de division de la pensée s'est exprimé requièrent expressément l'existence de ces formes.

Cette analyse nous initie à un mécanisme qui va se reproduire tout au long des séries de mouvements liées entre elles dont l'ensemble constitue l'univers tel qu'il nous apparaît. On a mis à part déjà la première de ces séries, celle qui s'est constituée uniquement par la relation de sujet à objet.

On l'a donnée pour la modalité même où l'existence de la pensée se définit. On l'a montrée engendrant une catégorie du nécessaire dont le caractère d'universalité est absolu. Cette première série, dans la chaîne phénoménale que nous considérons, se peut figurer, afin de signifier la nécessité selon laquelle elle conditionne l'existence, par un anneau fermé. Aucun anneau, figurant un nouvel élément du spectacle du monde, n'y pourra être introduit qu'il ne s'ouvre pour accepter la relation que symbolise ce premier anneau fermé, la relation d'objet à sujet. Tous les éléments qui, suscités par une seconde série de mouvements, se classeront sous la catégorie de cette première relation, seront donc à l'origine symbolisés par des anneaux ouverts; mais sitôt qu'une troisième série de mouvements viendra à se produire, soit, à s'en tenir à l'exposé précédent, la série des mouvements où la perception se formule avec ses différents cas, sitôt que cette série aura fait choix, pour se développer sous leur dépendance, de quelques mouvements déterminés de la seconde série et des notions que ces mouvements commandent, soit, dans l'exposé, des notions d'espace, de temps, de cause, ces notions recevront, de ce fait, et au regard du nouveau rapport formé par leur entremise entre les éléments de la troisième série et ceux de la première, la mission exclusive de figurer dans le système, cette deuxième série tout entière.

Cette deuxième série se verra définie par cette limitation et les anneaux qui symbolisent le temps, l'espace, la cause, entr'ouverts jusqu'ici, se fermeront sur l'anneau de la première série dont ils ne pourront plus être détachés. Ainsi, indéfiniment, chaque nouveau terme du mouvement de la pensée, faisant choix, parmi les éléments de la série précédente, de quelques-uns de ceux-ci, sous la dépendance desquels ils se développeront, fermeront l'anneau demeuré ouvert de cette série. Toute la suite de ces anneaux, d'abord ouverts, puis fermés, en raison de ce mécanisme, toute cette suite figurera le second mode de nécessité que l'on vient de décrire. Ce ne sera donc jamais que dans le cercle demeuré ouvert du dernier anneau de la série des phénomènes, ou plutôt, au-devant de cette ouverture, et en vue de pénétrer dans l'anneau, que pourra se produire le geste d'improvisation incalculable, impossible à prévoir, où le spectacle phénoménal s'enrichira d'une complication nouvelle. Ce geste ne réussira à se formuler qu'à la suite d'une lutte et d'une compétition entre mille autres gestes de même nature, émanant d'entités virtuelles pourvues des mêmes droits, luttant entre elles pour la puissance, l'emportant tour à tour les unes sur les autres et s'écartant les unes les autres, et entre lesquelles le déterminisme de la force, tel qu'on l'a décrit en un livre précédent[1], décide seul à tout moment.

★

A appliquer cette construction *a priori* au paysage concret du monde, les appétits, les instincts, les passions, le désir sous toutes ses formes, se montrent les éléments en scène, les personnages armés luttant pour envahir le cercle encore ouvert de l'anneau le dernier formé de la série phénoménale. Animés de la volonté frénétique de s'en emparer, de le posséder seuls, ne reconnaissant d'autre loi que celle de la force qui les soulève et de la force qui les contraint, ils en viennent aux mains sur un terrain constamment bouleversé par le choc où ils se heurtent. C'est sur ce champ de bataille qu'il y aura lieu de rechercher les manifestations, les avatars de la morale. On comprendra, à la place qu'elle occupe dans la série des phénomènes, son instabilité, — on com-

---

[1]. *Nietzsche et la Réforme philosophique*, éd. du Mercure de France.

prendra également son importance et comment elle oppose, aux modes scientifiques de l'activité de la pensée un mode absolument distinct et différent. La morale est objet de compétition. Il s'agit avec elle d'une manière d'être à faire prévaloir entre divers états du mouvement de la pensée. C'est par où elle passionne. Elle relève du seul déterminisme de la force. L'activité scientifique s'exerce au contraire à l'égard de tous les rapports noués entre la longue série des phénomènes et joints entre eux par un anneau fermé. Elle n'a donc trait qu'à des rapports invariables que sans doute le déterminisme de la force contribua seul à former naguère, mais dont le jeu ne laisse plus place actuellement à aucun aléa et est expressément calculable. Les conséquences du déterminisme de la force, entièrement épuisées et fixées par la lutte des éléments engagés, ont donné naissance à cette catégorie distincte du nécessaire qui rend possible l'exercice de l'activité spectaculaire de la pensée sous sa forme scientifique.

Ainsi l'activité morale est créatrice. Elle appartient au mouvement de division de la pensée où le spectacle s'improvise. L'activité scientifique, au contraire, est purement spectaculaire. Elle est l'acte par lequel la pensée prend une conscience analytique des séries de rapports immuables, et de ceux-là seuls, qui se sont noués entre les divers groupes d'objets et de sujets nés du mouvement où elle se déchire, selon les gestes coordonnés que l'on a décrits. On peut la voir naître de l'activité purement visuelle dont elle n'est rien de plus que le prolongement. Ni l'une ni l'autre, ni l'activité visuelle, ni l'activité scientifique, ne peuvent rien changer à ces rapports fixés par le mouvement antérieur de la pensée et auxquels d'autres rapports consécutifs, greffés sur eux, ont conféré un caractère de nécessité. En tant qu'elle s'exerce comme perception ou comme activité scientifique, la pensée a perdu toute liberté de voir apparaître, dans les cadres qu'elle a tracés elle-même, d'autres rapports que ceux-là qu'elle y a elle-même inscrits, d'autres objets que ceux-là, que le mode de fragmentation où elle s'est représentée à elle-même, offre nécessairement à la vue du sujet.

Parmi ces rapports, les uns sont déterminés par ce geste de la pensée selon lequel la sensation, divisée à l'infini avec elle-même, à la suite d'un nombre également infini d'interférences et de synthèses de ses fragments entre eux, a donné naissance à une infinité de sujets individuels, rivés tous à la même nécessité de voir apparaître des objets identiques innombrables et de formes infiniment variées, sous de mêmes conditions de temps et d'espace, sous l'action d'un même jeu organique et d'un même mécanisme de causalité. Mais tous ces rapports, que nous saisissons à l'occasion des perceptions immédiates de notre vue, de notre oreille et de tous nos sens, sont sous la dépendance, sont des conséquences, ainsi que l'analyse précédente a tenté de le montrer, de rapports antérieurs et plus profonds, dans l'intérieur desquels ils se sont développés, et qui, pour cette raison, conditionnent et commandent leurs manières d'être au delà de la région où nos sens les atteignent immédiatement. C'est pourquoi, par la vertu du même mécanisme qui, si j'ouvre les yeux devant moi à l'extrémité d'une falaise, me fait apparaître le spectacle de la mer avec ses flots en mouvement, par la vertu du même mécanisme, la vue humaine armée, avec le télescope, d'un instrument la prolongeant infiniment au delà de sa portée naturelle, devra voir apparaître, au moment précis fixé par les prévisions d'un Le Verrier, au point de l'espace exactement indiqué par le savant, et animé de la vitesse qu'il aura définie, la forme de Neptune, répondant à son évocation, affirmant la persistance du geste métaphysique qui, dans le décor spatial, soutient entre l'objet et le sujet un rapport constant. C'est en vertu de ce mécanisme que la nature se conforme aux manières d'être que lui assignent les expériences de nos laboratoires, qu'elle confirme les prévisions scientifiques, qu'il est possible de préjuger, par exemple, avec certitude, quelles nouvelles couleurs percevrait un œil disposé de façon à enregistrer des ondulations plus rapides que ne fait l'œil humain, quels intervalles musicaux seraient requis par une oreille plus évoluée que la nôtre.

Loin que l'hypothèse idéaliste s'oppose à la possibilité de la science, elle en justifie au contraire la rigueur. La science est possible, non pas parce qu'il existe une réalité objective régie par des lois immuables indépendantes de l'esprit, mais parce qu'elle considère une série de rapports constants déterminés par des mouvements constants de la pensée. Si la pensée ne comportait pas à sa base cette suite plus ou moins étendue de mouvements fixes et constants, non seulement il n'y aurait pas de science, mais il n'y aurait pas non plus cette suite de paysages divers, d'intrigues historiques, sociales, individuelles, que nous présente le spectacle de la vie et dont la mobilité et l'imprévu, pour être saisissables, exigent des plans solides sur lesquels ils puissent évoluer et se développer. Ceci détermine la nature du rationalisme que nous touchons ici et qui rend la science possible. Il n'existe pas en soi, au-dessus du fait de l'existence, et comme une loi formelle à laquelle l'existence ne pourrait refuser de se soumettre, mais il est une conséquence d'une certaine attitude adoptée par l'activité essentielle, attitude dont la persistance conditionne la possibilité et le développement du drame que la pensée se joue actuellement à elle-même dans l'univers.

Avons-nous quelque garantie touchant la persistance de ce rationalisme? La genèse que l'on vient de lui attribuer ne permet pas de l'affirmer. On a montré sa source dans l'irrationnel, on l'a montré fils du hasard ou de l'arbitraire mental. On a dit que l'univers, on a dit que le rêve cosmique sur lequel nous raisonnons n'était point nécessairement le rêve unique que pût composer la pensée, on a dit que la seule nécessité qui conditionnât l'existence de la pensée est celle de la distinction en objet et sujet à laquelle feraient cortège peut-être les trois catégories du temps, de l'espace et de la cause. Avec la perception, commence une improvisation libre qui pourrait sans doute être diversifiée selon d'autres nuances que celles qui composent le paysage actuel de la connaissance. Pour trouver quelque prétexte à nous fier à la solidité du rêve complexe qu'il nous est donné de contempler, il faudrait donc invoquer l'intérêt que la pensée pourrait prendre au spectacle actuel qu'elle improvise, le désir qu'elle aurait de l'épuiser, d'en poursuivre, sur un même plan, la représentation.

Quoi qu'il en soit, et quelques réserves qu'il convienne de faire sur la pérennité du rêve cosmique que nous vivons, il n'en reste pas moins que ce rêve comporte des mesures, qu'il forme un ensemble systématique admirablement lié et que le spectacle de cet agencement, procuré par l'activité scientifique, est entièrement propre à satisfaire la passion de curiosité esthétique dont on a fait ici le mobile et la raison d'être de l'existence.

III

Sous le jour de l'idéalisme, la science se voit dépouillée pourtant de l'un des caractères qui lui étaient attribués par les systèmes de philosophie dualistes. Mais ce caractère, c'est celui qui précisément la rendait irréalisable et contradictoire, c'est ce caractère de finalité métaphysique selon lequel le fait de l'existence, de ce qu'il apparaît comme un fait de mouvement, devrait être considéré comme aspirant à un état de repos où il trouverait son accomplissement et sa perfection. Cette manière de voir n'a de place que dans les systèmes dont le dualisme est caractérisé par l'opposition de l'être au devenir. Ces systèmes, lorsqu'ils sont logiques, font appel au miracle pour expliquer la connaissance et constatent l'impuissance de la science ; ils s'évadent ainsi du plan sur lequel on a tenté ici de construire l'existence. Si, rejetant le miracle, ils prétendent demeurer sur le plan rationnel, ils se heurtent à la contrariété sans remède que comporte l'idée d'une science se proposant d'atteindre un but final avec des moyens de connaissance dont c'est la fonction stricte de veiller à ce qu'aucune fin ne puisse être jamais atteinte.

La tare de ces systèmes est la passion morale, déterminant cette inversion déjà signalée et qui consiste à faire de la morale, qui est un moyen, une fin. Les sectateurs de ces systèmes imaginent qu'il suffit, pour se placer sur le plan de la raison, de rejeter l'intervention miraculeuse d'une volonté divine, et ils pensent, cette révolution purement verbale une fois accomplie, pouvoir continuer ensuite à attribuer pour but à la recherche philosophique, par les moyens de la science, la connaissance du souverain bien et la constitution de la morale. Mais cette conception d'un but moral attribué à l'évolution phénoménale, et qui oppose l'imperfection du devenir à la perfection de l'être, constitue précisément, pour les antinomies qu'elle suscite, le vice essentiel du système et que l'intervention miraculeuse de la volonté divine parvenait seule à dissimuler. La suppression de cette intervention n'est donc pas, il s'en faut, un bénéfice pour la raison ; elle fait éclater, au contraire, en pleine lumière, le principe d'incohérence qui empêche d'édifier le système sur le plan de la raison. C'est seulement au regard de ce rationalisme bâtard que la science, considérée, à défaut du miracle répudié, comme le moyen de constituer la morale par la démonstration d'une harmonie universelle, a pu être imaginée comme propre à nous initier à des fins dernières, à nous donner une explication complète de la réalité objective. La conception d'idéalisme que l'on a développée ici ne laisse point de place, dans le mouvement de la pensée, qui se confond avec le fait même de l'existence, à une telle résolution. On a fait voir maintes fois comment la division en objet et en sujet, condition essentielle de l'existence de la pensée, exclut, sous le jour d'une hypothèse strictement moniste, et qui ne fait donc place à aucune substance en dehors de la pensée, la possibilité de rassembler en un tout harmonieusement systématisé les divers éléments du monde objectif. On a maintes fois fait voir comment le monde objectif, n'existant que dans sa relation avec le sujet, condamné à abandonner, en vue de sa propre existence, une part de la substance de la pensée au terme sujet qui le conditionne, on a fait voir maintes fois comment le monde objectif repousse essentiellement l'idée de totalité, comment il implique avec elle contradiction. Les conditions de toute connaissance possible creusent ici, par la fatalité d'un mécanisme métaphysique, une solution de continuité dans l'enchaînement des rapports purement objectifs qui, en même temps qu'elle engendre le mouvement perpétuel de l'existence, détermine, avec l'impossibilité d'assigner un but à l'évolution du sujet ou de l'objet, la nécessité de situer l'activité essentielle de la pensée dans la fin spectaculaire, à la considération de laquelle on s'est uniquement attaché ici. C'est assez dire que la science, qui n'est que le moyen de faire apparaître aux yeux du spectateur la suite des rapports inflexibles créés par le mouvement de la pensée entre quelques-uns des fragments où elle se divise, ne saurait atteindre des conséquences et une finalité dont la réalisation supposerait que le phénomène qu'elle décrit a pris fin.

★

L'activité scientifique, qui s'attache à décrire les relations des objets entre eux, exclut donc l'idée d'une finalité métaphysique. Elle s'assimile, dans sa plus haute expression, à l'activité esthétique pure et simple, son but est d'augmenter le champ où s'exerce la joie visuelle de la connaissance, en prolongeant, au delà de la vue concrète, l'horizon spectaculaire, en montrant par delà cette vue concrète, les conséquences, l'harmonie et l'équilibre des lois dont nous observons les effets immédiats, c'est-à-dire en faisant voir, au delà de la portée de nos perceptions normales, le jeu régulier de la pensée, selon le rythme de quelques-uns de ses gestes constants. Est-ce à dire que l'idée de finalité doive être écartée expressément des procédés scientifiques? Nullement, mais seulement l'idée de cette finalité métaphysique présumant un but qui serait une solution et où le mouvement de l'existence prendrait fin et s'anéantirait. Cette finalité métaphysique ôtée, c'est le rôle au contraire de la science d'intéresser la curiosité de la pensée à des fins particulières dans le champ de la relation : celles-ci, dans la grande pièce du cosmos, tiennent la place des fins passionnelles et individuelles qui captivent au théâtre l'intérêt du spectateur. En découvrant ces fins, l'activité scientifique ne fait d'ailleurs que distinguer selon quelles catégories successives, selon quelle hiérarchie de généralité et d'importance les mouvements systématisés de la pensée imposent à la libre improvisation de la pensée des limites et des contours précis, et par cette contrainte définissent ses objets. C'est ainsi que les lois de la gravitation, qui ne déterminent point tous les caractères de la matière, contribuent pourtant à définir la matière en assignant une fin commune à tous les corps sous le gouvernement du geste constant qui soutient le mouvement régulier d'attraction et de répulsion des molécules et des masses. Certes, dans le champ de la matière, d'autres gestes de la pensée seront possibles où son pouvoir d'improvisation se donnera libre cours, et c'est ainsi que la variété chimique des corps pourra se formuler. Tous les corps munis de propriétés chimiques variables et diverses devront pourtant se soumettre aux lois qui règlent la vitesse et la direction de leurs mouvements par le rapport de leurs masses à la masse des autres corps et en raison de la distance qui les en sépare. Cette nécessité mettra une limite à leur pouvoir de différer les uns des autres, leur imposera une définition commune et, quelle que soit leur composition, les destinera à une même fin sous le commandement du mouvement. Cette propriété que formule la loi de Newton, la plus générale qui puisse être attribuée à la matière, sert de guide et de principe directeur, une fois reconnue et établie, à la recherche scientifique. Certaines propriétés particulières des corps, — leur poids spécifique, la vitesse et l'orientation du mouvement qui les anime, — peuvent être déduites, en considération de cette fin à laquelle nous les savons soumis, de leur situation dans l'espace par rapport à quelque autre corps connu.

En assignant à la matière vivante, dans le règne animal, des conditions fixes de composition chimique, de température, de concentration moléculaire, M. Quinton, qui a exposé l'ensemble de ses travaux biologiques au cours d'un livre récent[1], a précisé dans quelles limites la faculté d'improvisation de la pensée est libre de s'exercer sur le plan biologique, dans quelles limites elle est contrainte, par la définition même du personnage, qu'avec la matière vivante, elle a introduit dans le drame cosmique. Parmi le changement continu que déterminent, dans l'espace et dans le temps,

---

1. *L'Eau de mer milieu organique*, Masson, 1904.

les propriétés chimiques et physiques de la matière inorganique, il nous montre la matière vivante, assujettie en vue de persévérer dans l'existence, à réaliser les conditions strictes qui caractérisent son personnage, modifiant sans cesse les formes où elle apparaît, remaniant les organismes où elle s'enclôt, pour maintenir autour d'elle ces conditions fixes dans ce milieu changeant. Il nous la montre ainsi tendant sans cesse vers elle-même et vers sa propre fin. Cette vue admirable nous fait entrer au cœur du drame qui se joue sur le théâtre du monde sous le titre de l'évolution biologique. Elle nous fait voir avec une clarté parfaite comment la combinaison d'une part de nécessité avec une part d'arbitraire mental forme l'intérêt passionnant du spectacle. L'arbitraire mental est représenté ici par le caractère défini, reconnu à la matière vivante : comme en un drame wagnérien, la vie, au sens biologique, se voit quintessenciée en une phrase thématique dont la libre fatalité devra évoluer parmi le cadre des fatalités préexistantes. Entre les propriétés de la matière inorganique et celles de la matière vivante, il n'y a pas, on ne saurait du moins préjuger qu'il y ait un lien nécessaire de cause à effet. La matière vivante est bien tenue, pour entrer dans le cadre des réalités déjà engendrées par le mouvement de la pensée, pour être comprise avec elles en un même ensemble, d'emprunter ses éléments aux propriétés physico-chimiques de la matière inorganique, mais rien n'autorise à penser que la combinaison particulière où la vie s'exprime fut elle-même nécessaire. Il semble qu'avec la formule où elle s'est personnifiée, nous touchions un de ces mouvements de la pensée, arbitraires en leur principe, et que nous ne pouvons connaître qu'à titre de fait empirique.

La théorie de M. Quinton, en nous faisant connaître les conditions constantes de température, de lumière, de milieu chimique et osmotique requises par le phénomène biologique, nous livre la personnalité de ce mouvement arbitraire de la pensée et sa fatalité spécifique. Elle nous montre en regard, en même temps, le changement inéluctable de tout ce milieu physico-chimique parmi lequel la vie est plongée et nous sommes dès lors initiés à la nature de l'intrigue qui se déroule sur la scène biologique. Pour réaliser les conditions strictes et immuables que lui impose sa manière d'être définie, la cellule vivante, expression concrète de la vie, comme l'homme qui ne fait servir les lois de la nature à ses desseins qu'en leur obéissant, ne résiste, aux circonstances défavorables qui l'assaillent, qu'en utilisant à son profit, dans des appareils appropriés qui sont les divers organismes, ces mêmes lois de la nature, les lois inflexibles de la matière inorganique. Toute l'évolution biologique, avec toute la différenciation des organismes où elle se manifeste, se montre commandée par la nécessité, pour la cellule vivante, de maintenir à son contact, parmi le changement continu du milieu physico-chimique, des conditions physico-chimiques constantes.

L'idée de finalité qui est ici formulée joue donc un rôle d'une importance prépondérante : comme les lois de la gravitation, à l'égard de la matière inorganique, elle est, dans l'ordre biologique, un guide pour la recherche scientifique, et permet, par exemple, de déterminer la date de l'apparition d'une espèce par la considération du degré thermique ou du degré de concentration moléculaire propre aux individus de l'espèce. C'est enfin la connaissance de cette fin biologique, la connaissance de la fin poursuivie par la cellule vivante qui donne un sens à l'évolution. Mais la finalité qui est ici en jeu diffère de la façon la plus absolue de la finalité métaphysique. Elle n'implique nullement l'idée d'un changement d'état, mais celle de la conservation d'un état donné, état particulier, déterminé et défini et que menacent d'abolir à tout instant des circonstances contraires. La fin poursuivie par la cellule vivante se confond ici expressément avec la définition même de son existence : en tendant vers sa fin, elle ne tend vers rien de plus que vers son existence. D'ailleurs, l'aménagement purement spectaculaire du phénomène biologique est ici manifeste : en opposant le changement incessant des formes organiques au changement du monde physique et chimique, la fin poursuivie par la cellule vivante aboutit au maintien d'une réalité constamment semblable à elle-même. Les idées de changement de devenir, d'évolution, se voient donc entièrement dépouillées de la signification morale, du rôle messianique que la métaphysique leur attribuait et qui en faisaient les moyens d'un état nouveau. La vue générale de M. Quinton ne permettant plus d'accorder à ces idées qu'un intérêt spectaculaire, notifie la valeur purement esthétique de toute haute conception scientifique.

tation de la pensée. Ainsi, si je me représente une ligne droite, je ne puis imaginer qu'aucune de ses parties se reflète en aucune autre. Si je la brise en quelque endroit de façon à former un angle où un mouvement pourra s'articuler, les deux côtés de cet angle ou de cette ligne brisée vont comporter entre eux des rapports de perspective strictement définis par le mouvement qui, se produisant au sommet de l'angle, les rapprochera ou les écartera l'un de l'autre, tous les points situés sur l'un des côtés auront avec tous les points situés sur l'autre côté des rapports fixes et qui seront modifiés, d'une façon toujours constante, selon le mouvement qui se produira au sommet de l'angle. Si je brise de nouveau en plusieurs fragments l'un des côtés du premier angle, je vais créer une multitude de rapports nouveaux entre des points de ce côté qui jusqu'ici ne pouvaient point se réfléchir les uns les autres, qui n'existaient que pour les points situés sur l'autre côté de l'angle. Tous ces nouveaux rapports entre ces nouveaux points de ma ligne brisée sont, comme les rapports précédents, commandés et modifiés par les divers mouvements qui se peuvent produire aux sommets de tous les angles. Si je veux me rendre compte de la position précise et réciproque de deux de ces points, si, les supposant capables de se réfléchir l'un l'autre, je cherche à déterminer de quelle façon, à quel moment ils se réfléchiront, seront l'un pour l'autre et objet et sujet, ce qu'il me faut connaître, c'est la nature précise du mouvement qui se produit au sommet de mon premier angle, c'est la nature précise des mouvements qui se produisent aux sommets de tous les angles que j'ai déterminés sur l'un des côtés de ce premier angle selon leur relation avec le mouvement de cet angle principal. Si je parviens à découvrir et à fixer le rythme de ce mouvement d'ensemble, il sera tout à fait impossible que, dans les conditions précises que j'aurai déterminées, un point A puisse occuper vis-à-vis d'un point B une situation différente de celle que mes calculs lui auront assignée.

De même, dès que l'on considère l'existence comme une suite de mouvements de la pensée liés entre eux, dès que l'on attribue tout pouvoir de causalité à cette seule suite de mouvements pour retirer ce pouvoir à tout le reste, dès que la distinction en objet et en sujet est tenue pour la décomposition et pour le rythme même du mouvement de la pensée, il devient absolument impossible de concevoir que des sujets suscités par un mouvement donné de la pensée ne soient pas soumis à la nécessité d'être des sujets pour une série d'objets corrélatifs suscités par ce même mouvement de la pensée, il paraît tout à fait impossible de concevoir que le rythme de ce mouvement de la pensée ne détermine pas de la façon la plus rigoureuse les conditions dans lesquelles les deux termes de ces rapports d'objets à sujets se noueront et se dénoueront, c'est-à-dire à quels moments, dans quelles circonstances ces objets seront perceptibles pour ces sujets ou cesseront de l'être.

Il n'est de connaissance possible que d'un ensemble de mouvements liés entre eux par des rapports hiérarchisés. Tout raisonnement métaphysique suppose qu'un tel ensemble symphonique a reçu sa réalisation, car c'est cette réalisation qui supporte tout raisonnement fait à son sujet. Or, dès que cette harmonie et cette convergence se sont formées entre un grand nombre de mouvements de la pensée, il est impossible d'imaginer que ce jeu coordonné n'entraîne pas avec lui toutes ses conséquences, c'est-à-dire que les séries de rapports d'objets à sujets suscitées par ces séries de mouvements coordonnés ne soutiennent pas entre elles les mêmes relations qu'ont nouées entre eux les divers mouvements de la pensée dont elles dépendent.

Au regard d'une telle conception de la réalité, la connaissance ne se pose pas comme un problème. Il n'y a plus de différence de nature entre l'objet et le sujet de la connaissance qui ne sont que les deux termes du même mouvement de la pensée et les formes mêmes où se représente et se développe le fait unique de l'existence. La parfaite adéquation de l'objet au sujet est bien différente ici de celle que formulait l'hypothèse d'une harmonie préétablie. Telle que Leibnitz l'imagina cette hypothèse ne tranche rien ; elle laisse entier le problème métaphysique, car elle exige le recours à une intervention antérieure qui demeure inexpliquée. L'adéquation de l'objet au sujet, que l'idéalisme implique, résulte avec nécessité de l'hypothèse que forme l'idéalisme quant à la nature de l'existence. A travers le jeu du mécanisme qui engendre la distinction formelle de l'objet et du sujet, cette adéquation est, à vrai dire, une métaphore pour traduire et figurer leur identité, leur confusion essentielle.

II

Cette étude sur l'idéalisme et la réalité intellectuelle a été entreprise dans le but de placer la notion du bovarysme dans le cadre où elle montre toute sa signification. Avec la formule où elle s'exprime, *le pouvoir de se concevoir autre*, cette notion qui ne prétend à rien de plus, qu'à situer l'esprit au point d'où il peut avoir du spectacle de l'existence la vue la plus complète, cette notion se donne, en tant que moyen spectaculaire, pour un mode d'explication universel, s'appliquant également au fait métaphysique de l'existence et aux diverses séries de phénomènes où cette existence se manifeste, notifiant le rythme le plus général et le plus minutieux de cette chose en mouvement qu'est la vie.

En tant qu'elle s'applique au fait métaphysique de l'existence, conçu sous le jour de l'idéalisme, tel qu'on l'a déduit ici, comme une conséquence du monisme, la notion du bovarysme exprime la nécessité même à laquelle est soumis le fait de l'existence pour tomber sous le jour de la connaissance. Si l'on conçoit bien, qu'à moins de raisonner dans le vide absolu, il est impossible d'imaginer l'être extérieurement à la connaissance que l'être a de lui-même, il faut conclure que la notion du bovarysme exprime la nécessité interne qui régit, ou plutôt qui définit le fait de l'existence : l'existence, unique en son essence, ainsi que nous sommes contraints de l'accorder pour qu'un état de connaissance soit possible, a le pouvoir de se concevoir autre qu'elle n'est, et, en vue de prendre d'elle-même cette connaissance que son existence implique, elle exerce nécessairement ce pouvoir, elle se conçoit nécessairement autre qu'elle n'est, dans la relation de l'objet au sujet, une, dans le multiple.

Il résulte de là que la notion d'existence en soi, — *l'esse* que nous opposons ici à l'état de connaissance où cet *esse* se manifeste différent de lui-même, — il résulte de là que cet *esse* est une notion négative, une de ces notions négatives purement abstraites et verbales comme celle du néant, mais dont nous avons besoin de nous servir pour construire notre pensée et que nous pouvons manier impunément, pourvu que nous prenions garde de nous souvenir qu'elles sont vides de tout contenu positif. En attirant l'attention sur cet élément négatif qui entre ici dans nos raisonnements, on a pour but de mettre en lumière l'artifice de langage sur lequel se fonde la notion même du bovarysme, on obéit à la même préoccupation qui donna naissance à l'étude sur la *Métaphore universelle*[1]. Maintenant comme alors, ce n'est point un pur scrupule de conscience intellectuelle qui dicte ces réticences, c'est plutôt le souci de conserver à la

---

1. *La fiction universelle*. Ed. du *Mercure de France*, p. 339.

notion toute sa force, en la montrant tributaire de ces fictions conventionnelles sur lesquelles la pensée nécessairement s'appuie pour se construire, et sans le soutien desquelles elle est impuissante à étreindre aucune réalité. En donnant pour une métaphore la notion du bovarysme, on la donne aussi pour une métaphore qui s'applique avec précision et cohérence à toutes les catégories de phénomènes qui se rangent sous le concept de l'existence. C'est en quoi cette métaphore est une métaphysique.

D'ailleurs après avoir indiqué les éléments négatifs que l'on a introduits dans la notion du bovarysme, pour donner, au moyen de ces ombres projetées du néant, un relief plus saisissable à la construction systématique que l'on a fondée sur elle, on pourrait aisément en montrer, en ce qui touche à la réalité métaphysique, l'envers entièrement positif. On y trouve formulé, à l'état de dogme, le principe de la relativité essentielle de toutes choses. La nécessité selon laquelle l'existence est liée à la connaissance, jointe à la déformation fatale que le fait de la connaissance fait subir à l'idée d'existence nous enseigne que le fait de l'existence consiste en ce fait même de déformation, c'est-à-dire en la relation de l'objet au sujet, à l'exclusion de toute autre modalité.

L'existence est relation. Qu'il y ait des objets pour des sujets, ceci définit l'existence en son entier. Ceci accuse également le caractère esthétique qui lui a été assigné, et exclut, avec l'idée de tendance vers une fin, le caractère éthique que lui attribuaient les philosophes dualistes.

Ces conclusions une fois enregistrées, la notion du bovarysme peut être écartée pour faire place à cette autre notion qu'elle nous a livrée : il n'y a point d'existence en dehors du fait de relation où l'existence s'exprime dans la connaissance qu'elle prend d'elle-même. L'existence ne se conçoit donc pas, en un sens absolu, autre qu'elle n'est, puisquelle n'a pas de réalité distincte de la relation où elle se conçoit. Un tel point de vue, qui semble détruire la notion bovaryque de l'existence, n'en est toutefois que la conséquence; c'est par l'application de cette notion que nous y accédons. A tout prendre, l'énonciation positive du dogme de la relativité universelle ne contient rien de plus que ne contenait déjà l'assertion bovaryque elle-même. Celle-ci, faisant place, pour la détruire aussitôt, à cette conception négative de l'existence en soi et séparée de la connaissance, à laquelle les philosophes avaient accoutumé les esprits, formulait déjà avec une ironie cachée, avec la concession verbale qu'il fallait faire aux conceptions anciennes pour les dissiper, les conclusions enregistrées dans la seconde formule.

★

Que l'on se représente la conception idéaliste sous le jour d'un subjectivisme étroitement individuel, que l'on considère, au contraire, cet idéalisme plus large qui ne laisse voir, dans la diversité des individualités objectives ou subjectives répandues dans l'univers, que les apparences masquées d'un même être, on se trouve toujours en face d'un phénomène où le pouvoir de se concevoir autre joue le rôle essentiel, où le pouvoir de s'illusionner et de prendre le change est l'artifice nécessaire qui donne vie au spectacle. Si je suis le seul esprit existant dans l'univers, il faut bien que je possède un pouvoir de me duper moi-même égal à mon pouvoir d'imaginer, puisque tous les objets et tous les êtres que je forme de la substance de ma pensée m'inspirent des sentiments d'amour et de haine, de confiance et de terreur, puisque les circonstances où je les place et les fais évoluer composent une réalité à laquelle il me semble que je suis asservi, puisque les mouvements passionnés qui me soulèvent me font oublier que je suis, de tout ce spectacle, le maître et l'improvisateur. Et de même, si déplaçant le centre de l'existence, je ne vois plus en mon personnage individuel, comme en celui de tous les autres êtres qui m'environnent, que des formes de rêve semblables à celles que dans l'hypothèse précédente je tirais de mon esprit pour m'en éprendre, m'en épouvanter ou seulement m'en distraire, de même il me faut encore reconnaître à cet être métaphysique un pouvoir de s'illusionner, de *se concevoir autre* dont mon propre personnage atteste la vérité.

Ce pouvoir d'illusion, qui donne naissance à la représentation cosmique, suppose que l'existence use de quelques-uns de ces grands masques dont les acteurs se couvraient le visage sur les scènes de la Grèce et de Rome et qui leur composaient, selon une figuration immuable, des personnages de rois et de héros, de grands prêtres ou d'esclaves et dont les traits caractéristiques les vouaient dès le prologue à la douleur ou à la joie. Ce sont ces grands masques métaphysiques qui ont été décrits, au cours du *Bovarysme*. On en a distingué deux principaux : l'un figure l'illusion de la personne, l'autre figure l'illusion du libre arbitre. Ces deux formes maîtresses de l'illusion commandent un certain nombre de mirages secondaires, la croyance à la responsabilité, la croyance au bonheur comme conséquence de la passion amoureuse assouvie ou de la recherche scientifique parvenue à ses fins. Ces mirages secondaires ont été animés et symbolisés sous les masques du Génie de l'Espèce et du Génie de la Connaissance.

Dans tous ces cas, le pouvoir de déformation qu'implique le bovarysme, sous un aspect ou sous un autre, intervient, à titre de rouage essentiel, se montre le grand instigateur du jeu de l'existence et le moyen suprême de la représentation où la vie fait office de spectateur et d'acteur. Aux termes de l'idéalisme, chaque esprit individuel se conçoit autre qu'il n'est en tant qu'il s'imagine distinct des autres esprits qui l'environnent, en tant qu'il ne reconnaît pas l'action d'une pensée identique à la sienne, l'action de sa propre pensée dans la mimique, dans les gestes et dans les actes des personnages qui évoluent autour de lui. Et c'est aussi un fait de bovarysme fondamental que l'illusion, si fortement combattue par Berkeley, selon laquelle nous distinguons de nos sensations les objets de nos sensations et leur attribuons une réalité extérieure à l'esprit, extérieure à la sensation qui les anime et les soutient. Mais combien ce fait de bovarysme ne donne-t-il pas de vivacité, ne communique-t-il pas d'ardeur au drame phénoménal !

C'est lui qui garantit l'exécution du pacte du Lethé, qui resserre les masques prêts à tomber, rajuste les déguisements, et, par l'aveuglement qu'il fomente, transformant l'identique en amant ou en meurtrier de soi-même, passionne l'aventure du monde et la rend digne d'être contemplée.

C'est sous l'action de ce même ferment que l'homme invente la liberté avec l'orgueil de la responsabilité et les transes du remords. Le pouvoir de nous concevoir autres, de concevoir autres qu'elles ne sont les causes de nos actes assouvit encore ici le même besoin de drame, d'intrigue et d'imbroglio. Mais ce pouvoir, avec l'illusion singulière de liberté où il se manifeste, se montre également cause de mouvement. Dans la croyance qu'il lui est possible de se transformer, d'augmenter son empire sur lui-même, de devenir autre, plus intelligent, plus actif et plus fort, — d'augmenter, comme conséquence, son empire sur le monde extérieur, l'homme trouve un stimulant qui bande son énergie et augmente la portée de ses actes. L'illusion du libre arbitre agit à la façon des idées-forces décrites par M. Fouillée [1]. L'idée devient ici principe et cause de réalisation. Sous le jour de l'idéalisme, notons d'ailleurs

---

1. *L'évolutionisme des Idées-forces* et *Psychologie des Idées-forces.* Alcan.

que la théorie des idées-forces ne rencontre pas d'objection : la difficulté qu'il y a à accorder l'action d'un principe spirituel sur un principe matériel ne s'élève pas en un système où un seul principe est en cause et, parmi les divisions de lui-même où il évolue, vient seul en contact avec lui-même.

Ainsi les conceptions diverses que l'homme se forme de lui-même, selon lesquelles il se compose de sa réalité une conception différente de ce qu'elle est dans son actualité immédiate, ces diverses conceptions traduisent, sous le jour de la motivation, l'influence exercée par des mouvements de la pensée sur des mouvements de la pensée, le jeu plus ou moins heureux d'association et de dissociation selon lequel ces mouvements réussissent ou échouent à composer entre eux des systèmes plus complexes, plus harmonieux que ceux dans lesquels ils étaient précédemment intégrés. Le caractère aléatoire du mouvement nécessaire de la pensée rend compte des deux aspects sous lesquels le bovarysme a été envisagé. Un système de mouvements de la pensée, influencé par un autre, réussit-il à former avec celui-ci une association harmonieuse, voici l'aspect heureux du bovarysme : se concevant autre qu'il n'est, attiré au-dessus de lui-même, ainsi que par la vertu d'un aimant, par une conception de lui-même plus haute et plus parfaite, l'homme se montre ici doué du pouvoir de réaliser cette image fascinatrice, de s'égaler à ce modèle plus parfait, sa présomption tend à devenir réalité et, de cette modalité heureuse et bienfaisante du bovarysme, le phénomène de l'éducation, malgré les déformations pernicieuses qu'il peut engendrer, et qu'il engendre, est, dans sa généralité, un cas typique. Au contraire, un système de mouvements de la pensée, influencé par un autre, est-il impuissant à s'harmoniser avec le nouveau système par lequel il est sollicité, il en résulte pour lui une dissociation, et qui n'est point suivie d'une association nouvelle ; il passe d'un état de force relative à un état de faiblesse, un processus de dissolution fait suite pour lui à un processus d'évolution. Voici l'aspect malchanceux du bovarysme, voici son mode néfaste, l'idée-force se montre ici cause de désordre, de désorganisation. L'homme se conçoit autre, comme dans les cas heureux ; mais, attiré au-dessus ou hors de lui-même par la fascination d'un modèle extérieur, il est impuissant à s'égaler à ce modèle, à réaliser la conception de lui-même dont il s'est épris. Le fait de se concevoir autre n'est pas accompagné chez lui d'un pouvoir réalisateur. L'activité individuelle détournée de ses modalités anciennes, tournée tout entière vers des fins qui lui sont inaccessibles, égarée vers des tentatives en disproportion avec son pouvoir, va à sa ruine, aboutit à la tragédie et aux catastrophes ou, selon un destin plus vulgaire, tombe à la caricature et au grotesque, ces autres formes de la déchéance.

III

Qu'il commande les mouvements où les éléments de la pensée s'associent pour des combinaisons plus riches, qu'il détermine au contraire des désagrégations accompagnées d'une impuissance, le bovarysme apparaît, dans l'un et l'autre cas, comme le rythme même du processus selon lequel l'existence se déplace et accomplit sa fonction essentielle de chose en mouvement. Dans un système, tel que celui de l'idéalisme où, un principe unique, la pensée, absorbant la totalité de l'être, n'a d'autre fonction que de se représenter soi-même à soi-même, cette fonction ne peut s'accomplir que si ce principe unique tire de lui-même les éléments de la multiplicité où il se donnera à lui-même cette représentation. La réalité de l'existence ne se formulera donc que dans un mouvement où la pensée ira se différenciant constamment d'elle-même, ira, pour ramener la question aux termes intellectuels qu'elle implique et dont la formule du bovarysme est l'expression, se concevant constamment autre qu'elle n'est, composant, avec ce jeu d'images différentes d'elle-même, la matière de la représentation.

Le mouvement bovaryque, le pouvoir de se concevoir autre, engendre ainsi, parmi la substance toujours homogène, toujours identique de la pensée, la diversité des formes où la pensée se représente et cette opposition de la *diversité de la forme* à *l'unité de la substance*, l'une conditionnant l'autre, en raison du rationalisme de la distinction en objet et en sujet, cette opposition détermine et crée tout le spectacle de l'existence. Il n'y a place, sur le plan du monisme idéaliste, pour aucune réalité objective différente de cette réalité créée par l'esprit : définissant le rythme de l'existence, c'est de cette réalité intellectuelle que le bovarysme définit la nature et les modes. La réalité est mouvement de la pensée, les divers modes du réel sont des états de ce mouvement : c'est pourquoi, les définitions ou les descriptions de la réalité, données dans des ouvrages antérieurs, le *Bovarysme* ou *la Fiction universelle*, n'eurent trait qu'aux diverses postures, aux gestes divers de l'esprit, du seul principe actif qui soit saisissable dans l'univers. Les différents aspects des choses n'y purent être que les différents gestes d'une même activité, gestes s'accordant ou se contrariant entre eux. Ces gestes étant de la nature de la pensée, ces différents aspects des choses ne purent être que les différentes conceptions selon lesquelles la pensée se représente à elle-même, avec les modalités diverses selon lesquelles ces conceptions s'accordent entre elles ou se contrarient. Le bovarysme supposait donc l'idéalisme démontré et s'appliquait à la seule réalité qu'il autorise, une réalité de nature intellectuelle constamment en acte, dont l'apparence objective n'a de valeur que celle d'un reflet et est strictement conditionnée, dans sa relation avec le sujet, par le rythme du mouvement qui la suscite.

★

On ne saurait ici, sans recommencer entièrement une tâche déjà accomplie dans le *Bovarysme* et dans la *Fiction universelle*, dresser la liste de toutes les formes de la réalité auxquelles donne naissance le jeu des mouvements de le pensée. Il semble, au contraire, qu'il ne soit pas sans intérêt de signaler, de nouveau, à la lumière de l'idéalisme, ce que toutes ces formes ont entre elles de commun, de montrer le mécanisme identique qui commande leur genèse. Le bovarysme est apparu jusqu'ici comme principe de différenciation : on va voir ce principe de différenciation se fondant sur un principe de contradiction où il trouvera son entière signification et qui assignera pour condition à la genèse de toute réalité un fait d'antagonisme.

Si le mouvement de division qui donne naissance à la distinction en objet et en sujet allait se propageant à l'infini, si chaque état de fragmentation de la pensée ne tendait qu'à se séparer de soi-même, pour donner naissance à des fragments animés du même désir, il se formerait bien, à tout instant, dans toute l'étendue de l'univers, un nombre infini de couples dont les deux termes, inséparables, seraient bien unis entre eux par la relation d'objet à sujet, le monde serait bien peuplé de phénomènes de pensée, mais il n'y aurait point de relation possible de ces couples les uns avec les autres, l'univers s'écoulerait emporté dans une fuite vertigineuse, se déroberait à toute tentative de synthèse. Ces phénomènes de pensée, dont l'univers serait peuplé, se répétant indéfiniment selon un rythme de différenciation toujours identique, au cours de toute la suite du processus, seraient dénués de toute complication, ils ne donneraient jamais naissance qu'à des états rudimentaires de la pensée, bien différents du spectacle que nous avons sous les yeux et sur lequel nous spéculons. Le fait qu'un nombre infini de phénomènes sont susceptibles de se grouper sur un même plan devant l'esprit, de se montrer unis entre eux par des liens de cause à effet, par des rapports de connexité dans le temps ou dans l'espace, engendrant, par l'intermédiaire de la sensation, un grand nombre d'autres relations, ce fait d'expérience constante témoigne que les choses ne se passent pas avec la simplicité que supposait la description précédente et que la réalité intellectuelle, telle qu'elle nous apparaît, implique d'autres ressorts que celui qui déclanche ce mouvement de division à l'infini de la pensée avec elle-même.

Pour que cette réalité intellectuelle soit possible, il faut qu'au fait de division initial, prolongé en une série d'autres faits de même nature où la substance de la pensée s'éparpille à l'infini dans la diversité, s'oppose un fait de répétition, un fait de répétition d'envergure aussi vaste que le premier fait de division et qui, se reproduisant avec constance, serve de base commune, de plan de rencontre à tous les mouvements où la pensée se différencie d'elle-même. Il faut que, par la suite, et à mesure que des mouvements de division créent de nouveaux fragments dans la substance de la pensée, une force opposée à ce pouvoir de division intervienne, contraignant les mouvements qui ont déterminé cette fragmentation nouvelle à se répéter identiques, à mettre ainsi en relations possibles les nouveaux états de fragmentation qu'ils ont déterminés avec ceux déjà formés par un mouvement de fragmentation antérieur et que la même force conservatrice a contraints aussi à se répéter, les retenant ainsi sur un plan de rencontre possible. C'est sur ces plans de rencontre que les fragments créés par les mouvements de division pourront composer entre eux des synthèses où se formulera la perceptibilité des objets concrets.

Ainsi voit-on, et telle est la nature du mécanisme mental que l'on se proposait de décrire, que la réalité intellectuelle est engendrée par le jeu continu de deux mouvements antagonistes: l'un est un mouvement de division à l'infini au cours duquel la pensée s'éloigne de son centre en une fuite éperdue, l'autre est un pouvoir d'arrêt: refrénant l'excède de la pensée, il détermine parmi ces premières séries de mouvements, où la pensée va se diversifiant, un fait de répétition, équivalent d'un fait d identité qui, permettant à ces mille fragments de la diversité de se rencontrer sur un plan de coexistence, rend possible la formation de relations entre eux, la composition d'un univers. La réalité intellectuelle apparaît donc au point d'intersection où ces deux forces antagonistes se rencontrent, à tous les points d'intersection où elles viennent en contact, s'équilibrent et se tiennent en respect. L'immobilité de l'espace, opposée à la fuite du temps, nous montre un de ces points d'intersection où la lutte des deux forces antagonistes engendre et couve la genèse du réel. De même, voyons-nous que la formation des objets concrets fait appel au concours alterné de l'analyse et de la synthèse, qu'un premier fait de fragmentation, créant des parties distinctes parmi la continuité de la pensée, est aussi nécessaire que le fait de synthèse où ces parties s'assemblent entre elles selon les combinaisons les plus diverses, que, sous ce jour, la réalité apparaît comme un compromis entre des forces de dissociation et des forces d'association.

On a cité, dans *le Bovarysme*, d'autres cas où le même antagonisme témoigne, sous des noms divers, du même pouvoir d'engendrer le réel. On invoquera, à l'appui de la même thèse, les importants travaux de M. Paulhan. Ces travaux qui, au cours de plusieurs volumes sur le mécanisme de la connaissance[1], composent un traité de psychologie d'une grande originalité de vues, montrent les diverses modalités de l'intelligence issues de la même collaboration de facteurs ennemis. C'est aussi sous l'angle du même antagonisme essentiel, qu'apparaît la genèse de toute réalité, à la lueur de la belle conception de philosophie générale dont M. Tarde a développé l'application en tant d'œuvres excellentes[2].

Si l'on ne peut que renvoyer à ces diverses sources pour une revue et un dénombrement complets de ces applications d'un même principe, il semble que l'on en ait assez dit toutefois pour pouvoir faire, au sujet de la réalité idéaliste, cette remarque essentielle. Elle ne se voit jamais définie par un caractère unique dont l'accentuation progressive la rendrait plus parfaite. Elle a pour condition une réussite, un rapport d'une certaine précision entre deux éléments antagonistes. L'un de ces éléments venant à prédominer jusqu'à exclure l'autre, c'est l'anéantissement, non seulement de la réalité que l'antagonisme de ces deux éléments composait, mais aussi de l'élément vainqueur lui-même qui n'était soutenu dans l'exis-

1. Voir notamment *l'Activité mentale et les éléments de l'esprit* Alcan. *La fonction de la mémoire et le souvenir affectif*, Alcan.
2. Voir notamment : *Les lois de l'Imitation*, Alcan ; *l'Opposition universelle*, Alcan.

tence que par la résistance de l'élément adverse : cette résistance, en même temps qu'elle lui imposait des limites, lui attribuait aussi des contours définis. Toutefois, jamais les éléments antagonistes qui entrent dans la composition d'une réalité n'ont conscience de cette nécessité, vitale pour eux, de souffrir à leurs côtés un adversaire, fût-il un oppresseur, et tous avec une égale ardeur font effort pour s'emparer du champ entier de la réalité dont il sont partie : c'est ainsi qu'ils conçoivent les conditions de leur mort comme les conditions de leur vie. C'est ce principe de bovarysme enfermé, au sein de toutes les activités, qui donne naissance à la loi d'ironie formulée dans *la Fiction universelle* et que M. de Hartmann avait déjà décrite et mise en scène, après Joseph de Maistre, à cette loi en vertu de laquelle les volontés conscientes qui se manifestent dans le monde engendrent, par le jeu de leur activité, des résultats si différents de ceux qu'elles pensent atteindre. Hégel a vu dans la contradiction le grand moteur du monde : « Toutes les choses, a-t-il dit, se contredisent éternellement elles-mêmes. » Toutes les choses, dira-t-on, se conçoivent éternellement autres qu'elles ne sont, conçoivent autres qu'elles ne sont les conditions de leur prospérité ou de leur déchéance. Toute réalité est le résultat, non d'un accord, mais d'un conflit où des forces contraires avides d'une domination intégrale qui causerait leur ruine, vivent du concours de leur hostilité et soutiennent, sur la réciprocité de leur antagonisme, quelque forme distincte de la réalité. Ce jeu contradictoire qui préside à la genèse du réel peut être observé sur des réalités instables, sur des réalités, encore en voie de formation et au sein desquelles la place et l'importance accordées à chacun des éléments composants ne sont pas encore déterminées, ainsi des diverses sortes de réalités dont les hommes s'efforcent de préciser les modes : réalité morale, réalité sentimentale, réalité politique, réalité sociale.

Peut-être serait-on tenté de penser, à l'occasion de ces réalités que la volonté consciente des hommes concourt à former, que, par la connaissance du mécanisme selon lequel toute réalité se forme, quelque modification heureuse pourrait être apportée à ce mécanisme même, que, par la connaissance de la nature des choses, la nature des choses pourrait être changée. A savoir que des éléments contradictoires doivent se rencontrer ainsi qu'en toute autre forme du réel, en ces réalités instables composées à tout moment actuel par les forces du désir, à savoir par exemple qu'une part d'immuable, de consacré par le passé doit s'y associer à des possibilités de changement, qu'une part d'ordre y doit voisiner avec une part de fougue et d'incohérence où l'ordre trouvera la matière sur laquelle il pourra s'exercer, s'efforçant d'instituer, parmi cette richesse de chaos, des hiérarchies nouvelles et plus complexes, à connaître ces circonstances et ces nécessités, à les faire entrer en un programme, on peut être tenté de se demander si un homme politique, un sociologue, un économiste aurait quelque chance de persuader des collectivités, de faire vivre et prévaloir dans la pratique les compromis qu'il présenterait ainsi tout ajustés et mis au point où il semble qu'ils devraient être viables.

Qu'il puisse en être ainsi, l'hypothèse est séduisante pour les esprits désireux de voir tout s'arranger au meilleur compte et qui croient pouvoir substituer les calculs de la prévoyance aux expériences et aux luttes coûteuses, mais l'histoire semble donner à cette hypothèse un démenti presque constant. Dans les contestations politiques ou économiques, des instincts irréductibles sont toujours en présence et se formulent en des théories extrêmes : la perfection y est envisagée par les partis sous la forme d'une réalité où il n'y aurait place que pour un seul principe, de laquelle serait exclu tout élément d'opposition. S'agit-il de la réalité sociale, il semble aux uns que tout irait au mieux, si la liberté de chacun ne rencontrait dans les lois aucune contrainte, et ceux-ci ne comprennent pas que toutes ces libertés individuelles sans frein s'imposeraient des contraintes mutuelles, seraient les unes pour les autres des obstacles plus graves qu'une loi bien faite. D'autres situent l'idéal dans le fonctionnement d'un machinisme autoritaire ne laissant place à aucune initiative individuelle, et ils oublient que la spontanéité des actes individuels a seule fourni la matière de la réalité sociale, que cette spontanéité est, dans sa multiplicité, la source unique de toute richesse et de tout accroissement, et que les lois qui contraignent la liberté individuelle n'ont de raison d'être et d'excuse que dans la mesure où elles favorisent l'exercice de cette liberté, en écartant toutes les rencontres où elle risquerait de se heurter à ses propres mouvements. Les uns et les autres situent dans l'absolu, les conditions parfaites de la réalité qui n'existe que dans la relation, qui ne se forme qu'à la rencontre de deux lignes et dans l'intérieur de l'angle composé par cette rencontre : supprimant afin d'élargir l'angle, l'un de ses côtés, c'est l'angle même qu'ils suppriment. Ils imaginent que l'arceau d'une ogive serait plus solide s'il n'était point contrarié dans son essor par la rencontre de l'arceau opposé : croyant supprimer un obstacle, c'est un soutien qu'ils suppriment. Un tel calcul serait mortel si seuls les protagonistes de l'un des deux éléments en cause en étaient animés, mais il inspire également ceux de l'un et de l'autre parti en sorte que le point d'intersection où ces fanatismes se rencontrent ne fait jamais défaut : se déplaçant selon les péripéties de la lutte engagée, il détermine une suite de soubresauts selon lesquels les réalités se meuvent, se modifient, évoluent.

Tel est le jeu de ce principe d'ironie qui vient compliquer, en assurant son fonctionnement, le mécanisme du mouvement et selon lequel tous les grands mobiles qui mènent les hommes et qui déterminent des changements dans les mœurs atteignent, en fait, des résultats différents de ceux qu'ils s'étaient proposés. Tous visent à l'absolu, sont l'expression passionnée et outrancière de l'un seulement des principes dont la rencontre constitue une réalité. Ils aspirent avec une ardeur extrême à s'emparer du champ entier où cette réalité évolue et cette ardeur est nécessaire pour rompre un équilibre ancien, pour déterminer l'un de ces soubresauts violents par lesquels le changement a lieu. Mais cette ardeur intense, qui s'exprime en des propositions et des croyances dont la stricte application n'irait à rien moins qu'à briser la forme de toute réalité, se heurte à la résistance du principe adverse qui, repoussé d'abord, oppose en un nouveau point une résistance invincible et, par cette relation nouvelle qu'il forme avec son agresseur, soutient une forme modifiée du réel. Le christianisme a été donné pour exemple typique de ce bovarysme où s'élabore la réalité sociale : proposant un renoncement absolu aux objets du désir et venant en contact avec l'égoïsme ardent de races barbares et fortes, il a donné naissance, en Occident, à un compromis où le désir, mis au point de la vie collective, a trouvé à s'exercer selon un rythme régularisé; il a, par une conséquence indirecte et opposée à son esprit, favorisé la formation de la réalité sociale.

On pourrait, à la suite de celui-là, énumérer quantité d'autres exemples, et, recherchant, chez les hommes qui ont déterminé de vastes changements dans le milieu social, les mobiles qui les animaient, on retrouverait chez tous ce même principe d'enthousiasme chimérique, ce même illusoire bovaryque qui confère à leur volonté le pouvoir de changer la face du monde, mais jamais celle de la changer selon la forme de leur désir.

Les politiques purs ont seuls peut-être quelque pressentiment de la contradiction essentielle sur laquelle s'articule tout mouvement de la réalité. C'est à cette connaissance qu'ils se distinguent des apôtres : ceux-ci voudraient convertir toutes les consciences individuelles à leur foi ; les politiques n'ont aucune préoccupation de cette sorte : ils prennent les hommes tels qu'ils sont, les croyances sociales telles qu'elles se manifestent, et, tenant ces éléments pour une fois donnés, ils recherchent les points où ils pourront se faire contrepoids, ils calculent l'angle qu'ils sont susceptibles de former et s'efforcent de favoriser la naissance de la réalité qu'un tel état de fait rend possible.

★

Les considérations que l'on vient de faire, qui portent sur les modes les plus instables et les derniers venus de la réalité, sur les formes sociales, morales et sentimentales du mouvement de la pensée, ont trait aussi à ses manifestations les plus complexes. On y a retrouvé pourtant ce jeu abstrait selon lequel on a montré déjà l'unité substantielle de la pensée contrainte de se représenter, au cours de l'acte de connaissance où la pensée s'exprime et se définit toute, en un dualisme formel. On y a retrouvé ce caractère d'hostilité et d'antagonisme que l'on avait laissé pressentir ; mais il apparaît dans ce domaine à titre de fait historique, à titre de fait particulier. Il se révèle au contraire, si on l'analyse dans le fait métaphysique de l'existence, avec un caractère de nécessité qui élève au général toutes observations particulières, et fait voir en elles les corollaires d'une loi. Dans le domaine métaphysique, en effet, le dualisme formel qui apparaît avec la distinction de l'objet et du sujet est nécessairement un duel, un état d'opposition entre deux fragments d'un même tout, dont chacun, participant de l'unité substantielle qui appartient aussi à l'autre, s'efforce de reconstituer à son profit l'état de totalité impliqué dans l'idée de l'un, lorsque cette idée se confond avec celle de l'unique. Du point de vue de connaissance possible, auquel on n'a cessé de se placer au cours de cette étude, l'unité subtantielle de la pensée conditionne donc, dès qu'il s'agit des moyens selon lesquels la pensée se représente à elle-même, le principe de contradiction qui, sous le jour de la conscience, prend l'aspect du bovarysme. A cette source métaphysique, notons-le, l'idée de différence est synonyme de l'idée de conflit.

On voit dès lors que les racines de ce bovarysme, qui va par la suite éclater dans toutes les manifestations et à tous les degrés de l'existence, plongent dans cette confusion initiale selon laquelle les formes où la pensée se représente à elle-même, suscitées et inventées par l'activité même de la pensée, prétendent usurper l'attribut même de la pensée, soit ce caractère d'unité substantielle hors duquel la pensée ne serait pas saisissable pour elle-même. On voit encore que cette confusion initiale, que ce fait de bovarysme fondamental est en même temps le grand moteur du monde invoqué par Hégel, le principe nécessaire du mouvement selon lequel la pensée se représente à elle-même, le principe et le rythme même de ce mouvement. On voit, qu'en dehors de cette division pratiquée dans le sein de sa propre substance et qui prend nécessairement l'aspect d'un antagonisme, il n'y aurait point de jour laissé à la pensée pour la possibilité de se représenter à sa propre vue, c'est-à-dire, d'être ce qu'elle est, la chose qui pense. Cette opposition entre sa forme et son essence, est donc ce qui définit son existence. Une telle théorie n'est-elle point une reconstitution, par des moyens toutefois et des détours différents, du principe de la métaphysique hindoue, selon lequel la vie phénoménale prend sa source dans l'erreur, fille de l'ignorance. Seulement, faisant abstraction des concepts négatifs d'une existence en soi, indépendante de la pensée, et antérieure à la pensée, dont la construction que l'on vient de faire pourrait supposer l'usage, et auquel la philosophie hindoue a prêté une réalité métaphysique pour faire du monde une illusion, on ne retient, cet échafaudage ôté, que le fait positif qu'il nous a aidés à découvrir, le fait du monde comme représentation dans la relation de l'objet au sujet, le fait du monde phénoménal dont l'erreur, dont la confusion, termes empruntés à l'ancien point de vue, sont le moyen. Sous ce jour nouveau, l'erreur, la confusion, l'ignorance perdent tout sens péjoratif, elles se transforment en un pouvoir : le pouvoir de se concevoir autre, ce pouvoir de déguisement qu'est le bovarysme et qui intervient, à titre de moyen essentiel, dans cette métaphysique du phénomène à laquelle aboutit, parmi les perspectives d'une esthétique spectaculaire, la conception de l'idéalisme.

IV

Pour faire toucher l'entière appropriation de la notion du bovarysme à la conception du monde qui relève de l'idéalisme, on ajoutera ces dernières considérations.

Du point de vue de l'idéalisme, et si le monde extérieur, avec tous les objets qui le composent, n'est que la forme ciselée par nos perceptions dans la matière de nos sensations, si nos sensations ne sont que des modifications de notre esprit, s'il n'y a au monde que la pensée se donnant en spectacle à elle-même, à travers tous les prismes individuels, il apparaît que concevoir et créer sont un même acte. Le monde est un acte d'imagination : la pensée imagine le monde et le crée en l'imaginant. Elle le crée dans le mouvement, dans le devenir et dans le changement, c'est-à-dire qu'elle ne prend conscience d'elle-même — et c'est en quoi consiste sa réalité essentielle — qu'en se concevant à tout moment différente d'elle-même dans un mouvement continu de fragmentation.

Il apparaît également que ces deux expressions, *se concevoir autre* et *concevoir les choses autres qu'elles ne sont*, sont synonymes. Les choses ne sont point une réalité différente de l'acte d'imagination de la pensée, une réalité différente que cet acte rencontrerait comme un obstacle. Aucune réalité étrangère à l'activité de la pensée ne fait obstacle à la liberté des gestes et des improvisations de la pensée. Cette liberté reçoit pourtant une limite, mais c'est d'elle-même qu'elle la reçoit c'est celle qu'oppose aux mouvements nouveaux de la pensée le rythme persistant de ses mouvements anciens. C'est ce rythme persistant, c'est l'ensemble de toutes les séries de ces rythmes persistants, liés entre eux par des rapports harmoniques, qui crée l'objectivité des choses et des lois avec lesquelles la pensée doit s'accorder, au cours de ses développements nouveaux.

Ainsi la réalité comporte une définition et une description entièrement actives. Elle est une chose en acte, l'activité même de la pensée. La relation où elle s'exprime est une relation de la pensée avec elle-même. La formule bovaryque, *se concevoir autre*, qui n'implique la considération d'aucun élément étranger au sujet actif, montre son adéquation entière à cette réalité qui se confond avec le mouvement même de la pensée.

Or, ainsi qu'on l'a noté, elle montre également sa convenance, soit qu'il s'agisse des modalités heureuses, soit qu'il s'agisse des modalités malchanceuses où le mouvement de la pensée se développe. Dans les deux cas, en effet, la pensée se conçoit différente d'elle-même et de ses manifestations antérieures, mais dans l'un, les mouvements nouveaux où elle s'exubère sont en harmonie avec le rythme de ses mouvements anciens, peuvent évoluer dans leur orbe, s'inscrire comme un motif nouveau parmi la rigueur des thèmes anciens, ils peuvent enrichir la symphonie du réel, en se conformant à toutes ses exigences, de l'apport d'une complexité nouvelle. Dans l'autre cas ces mouvements nouveaux se produisent en désaccord avec le rythme des mouvements anciens et viennent s'y heurter. Avec le motif qu'ils apportent, ils éclatent, parmi les thèmes précédents, ainsi qu'une dissonance. Il faut qu'ils se brisent au système dans l'intérieur duquel et à l'encontre duquel ils se forment et c'est le cas le plus fréquent, — ce fut le cas, entre autres, et à emprunter un exemple, à ces réalités instables du monde moral qui nous permettent d'étudier sur le vif le mécanisme même de la réalité, ce fut le cas du Saint-simonisme, qui, proposant une forme nouvelle de la moralité sentimentale à une société où les modes d'une sensibilité ancienne s'étaient fondus depuis longtemps, et selon mille compromis, avec les exigences de la coutume et de la loi, se brisa à cette force organisée ; — où bien il faut qu'ils brisent, qu'ils disloquent et rejettent de l'ensemble symphonique des parts plus ou moins importantes des systèmes antérieurement organisés, jusqu'à ce qu'ils rencontrent une série plus profonde avec laquelle ils s'accordent, qui n'oppose pas d'obstacle à la particularité du rythme qu'ils instaurent. Cette solution implique toujours un recul, une régression vers une étape antérieure du rêve phénoménal et la nécesssité d'un recommencement sur un plan, sur un thème nouveau. Tel serait le cas de quelque cataclysme planétaire détruisant un sol sur lequel une civilisation humaine se serait développée, anéantissant des états de connaissance, des formes élevées de la culture et de la moralité dont il n'existerait pas sur le globe d'autres modalités équivalentes.

Que l'une ou l'autre de ces solutions intervienne, que le rythme nouveau se brise au contact des anciens rythmes, qu'il brise une part plus ou moins importante des systèmes de mouvements antérieurs, dans l'un et l'autre cas, l'événement se classe sous la catégorie d'un même effort accompli par la pensée en vue de se différencier d'elle-même, de se mouvoir dans le changement des perspectives où elle se considère, de se concevoir autre. Dans l'un et l'autre cas également, l'événement se classe sous la catégorie malchanceuse de cet effort, il aboutit à une catastrophe ; dans l'un et l'autre cas, la pensée se conçoit autre mais elle se conçoit aussi autre qu'elle ne peut se réaliser. Il y a désaccord entre le rythme de ses conceptions nouvelles et celui de ses conceptions anciennes et, selon le degré de force, degré incalculable, qui anime son nouvel élan, une part du rêve nouveau ou du rêve ancien se voit brisée.

Ainsi, que les conceptions nouvelles où la pensée se représente à elle-même soient ou ne soient pas en harmonie avec ses conceptions anciennes, ce simple fait de physique musicale décide du mode sous lequel se classe toute réalité. A l'égard des réalités de toute nature aussi bien que dans l'intimité de la personne humaine, il donne naissance aux modes heureux ou malchanceux que l'on a étudiés tour à tour dans *le Bovarysme* et dans *la Fiction* ; mais ces deux modes où toute réalité aboutit relèvent l'un comme l'autre de cette activité unique et essentielle selon laquelle la pensée se meut en une suite de conceptions où elle se différencie d'elle-même, sans fin. Sous le jour de l'idéalisme, le fait de *se concevoir autre*, énoncé du bovarysme, se montre la forme de toute existence possible.

TABLE

Pages.

INTRODUCTION.............................. 5

CHAPITRE 1

LA MÉTAPHYSIQUE ET LES SYSTÈMES DUALISTES

Recherche d'une hypotèse propre à supporter une construction cohérente de l'existence. — Méthode de cette recherche : le pouvoir explicatif inhérent aux hypothèses pris seul en considération pour déterminer leur admission ou leur rejet. — I. Examen de l'hypothèse dualiste. — Ses origines politiques. — II. Rejet de cette hypothèse sur ce qu'elle ne laisse point de place à la possibilité de la connaissance................ 31

CHAPITRE II

LA MÉTAPHYSIQUE ET LES SYSTÈMES MONISTES :
LA MÉTAPHYSIQUE DE LA MATIÈRE

Pages.

Similitude entre les systèmes panthéistes et monistes : les uns et les autres se réclament également d'une conception unitaire de l'existence et font place également, soit à l'hypothèse de la matière, soit à l'hypothèse de la pensée comme essence de l'univers. Rejet de l'hypothèse de la matière sur ce qu'elle laisse voir, à la lumière de l'analyse psychologique, un dualisme latent.   52

CHAPITRE III

LA MÉTAPHYSIQUE DE LA PENSÉE : L'IDÉALISME
DE BERKELEY

Examen de l'hypothèse idéaliste. — L'idéalisme selon Berkeley. — Son excellence en tant qu'il fait échec au réalisme de la matière..........   62

CHAPITRE IV

L'IDÉALISME ET LA RÉALITÉ SENSIBLE

I. Examen de l'objection fondamentale que soulève l'idéalisme : indépendance dont témoigne, à l'égard des consciences individuelles, la réalité des objets sensibles ; caractère nécessaire et constant de cette réalité. — II. Comment Berkeley oppose à cette objection l'hypothèse de l'esprit divin, soutenant, devant les esprits individuels, par la constance et la régularité de son action, l'existence de cette réalité sensible. — III. Rejet de cette hypothèse d'une intervention divine en ce qu'elle ressuscite, avec l'opposition de l'esprit infini aux esprits finis, une forme du dualisme qui remet en question la possibilité de la connaissance......... 84

CHAPITRE V

LA LOGIQUE EXTRÊME DE L'IDÉALISME

I. Nouvel examen de l'objection fondamentale opposée à l'idéalisme avec l'existence d'une réalité indépendante des esprits individuels. — L'idéalisme subjectif, poussé à ses conséquences absolues, ne laisse pas à cette objection la liberté de se produire. — II. Cette objection tombe également devant l'hypothèse d'un idéalisme objectif ne laissant place dans l'univers qu'à la seule réalité de la pensée, les divers objets et les divers sujets n'étant pour la pensée que des moyens de représentation, impuissants les uns et les autres à agir les uns sur les autres, traduisant, dans les relations nécessaires qui les unissent, les rythmes libres des mouvements de la pensée...................... 101

CHAPITRE VI

LE RATIONALISME DE L'ILLUSION

Pages.

I. Essai de construction systématique de l'existence sur le plan de l'idéalisme : *percipere est percipi, percipi est percipere*. — II. Le temps et l'espace ont-ils le caractère *a priori* que Kant leur attribuait? Comportent-ils une genèse empirique. — III. Comment, si l'on adopte la seconde solution, la somme de rationalisme impliquée dans l'univers s'en voit diminuée. — IV. Comment l'idéalisme et la conception d'illusionisme qui en découle s'accommodent également de l'une et de l'autre solution............ 113

CHAPITRE VII

LA FIN ESTHÉTIQUE ET LE SENS SPECTACULAIRE

I. Conséquence majeure de l'idéalisme : substitution de l'esthétique à l'éthique comme principe justificatif de l'existence. — II. Comparaison du point de vue esthétique et du point de vue moral quant à leur valeur comme principe justificatif de l'existence. Examen de cette valeur justificative sur le plan logique. — III. Examen de cette valeur justificative sur le plan de la sensibilité. — IV. Nature de la sensibilité esthétique. Son moyen de réalisation métaphysique : l'illusion volontaire. Le symbole du Lethé..... 135

CHAPITRE VIII

L'IDÉALISME COMME THÉORIE DE LA CONNAISSANCE

Pages.

Identité de la conclusion d'agnosticisme, engendrée par la conception dualiste de l'existence avec la conclusion de connaissance adéquate engendrée par la conception idéaliste......... 161

CHAPITRE IX

L'IDÉALISME ET LA SCIENCE

I. Possibilité de la science du point de vue de l'idéalisme. — II. Des divers modes de nécessité à l'occasion desquels l'activité scientifique a lieu de s'exercer. D'une première catégorie du nécessaire créée par le mouvement de division de la pensée en objet et en sujet : cette nécessité conditionne l'existence. — D'une seconde catégorie du nécessaire créé par les mouvements subséquents où la pensée se fragmente : cette nécessité conditionne notre connaissance du monde phénoménal. — L'activité morale comme limite de l'activité scientifique. — III. But purement spectaculaire de la science : absence de finalité éthique. — Description des fins esthétiques qu'elle comporte..................... 174

CHAPITRE X

LE BOVARYSME ET LA RÉALITÉ INTELLECTUELLE

Pages.

I. La réalité intellectuelle. — II. Application à la réalité intellectuelle de la notion du Bovarysme. Les deux modes du Bovarysme dans l'humanité : pouvoir d'exhaussement ou cause d'égarement selon que le pouvoir de *se concevoir* autre est accompagné ou non d'un pouvoir de réalisation. — III. L'antagonisme et la contradiction, éléments d'un Bovarysme essentiel, comme conditions de toute forme particulière de la réalité — comme conditions de la réalité métaphysique. — IV. Conclusion................ 214

ACHEVÉ D'IMPRIMER

Le cinq mars mil neuf cent six

PAR

DESLIS FRÈRES

A TOURS

pour le

MERCVRE

DE

FRANCE

Reprint Publishing

FOR PEOPLE WHO GO FOR ORIGINALS.

This book is a facsimile reprint of the original edition. The term refers to the facsimile with an original in size and design exactly matching simulation as photographic or scanned reproduction.

Facsimile editions offer us the chance to join in the library of historical, cultural and scientific history of mankind, and to rediscover.

The books of the facsimile edition may have marks, notations and other marginalia and pages with errors contained in the original volume. These traces of the past refers to the historical journey that has covered the book.

ISBN 978-3-95940-146-3

Facsimile reprint of the original edition
Copyright © 2015 Reprint Publishing
All rights reserved.

www.reprintpublishing.com

www.ingramcontent.com/pod-product-compliance
Lightning Source LLC
Chambersburg PA
CBHW070730160426
43192CB00009B/1378